While every precaution has been taken in the preparation of this book, the publisher assumes no responsibility for errors or omissions, or for damages resulting from the use of the information contained herein.

SIGILOS MÁGICOS CURSO - LIBRO

First edition. April 28, 2022.

ISBN: 979-8224795567

Written by Juan Marcos Romero Fiorini.

Tabla de Contenido

Curso-Libro

de

Sigilos

Juan Marcos Romero Fiorini

(2022)

2

Contenido

¿Se pueden crear varios sigilos en un mismo día? ¿Se pueden enviar más de uno al mismo tiempo?

¿Los Sigilos a que Divinidad pertenecen?

¿Cada cuánto tiempo es recomendable hacer un sigilo con distintas intenciones?

¿Cuánto tiempo dura un sigilo?

¿Se puede tatuar un Sigilo?

¿Podemos desactivar un sigilo, una vez que este ya fue enviado?

¿Es obligatorio sacar las vocales?

¿Se puede cambiar o modificar el aspecto corporal?

¿Por qué se debe destruir el sigilo? ¿se puede conservar?

¿Podremos crear un sigilo para un tercero?

¿Se puede hacer un sigilo de amor con el nombre de una persona?

¿Los sigilos son satánicos o tienen que ver con el diablo?

¿Se debe pagar un precio o existe alguna condición por utilizarlos?

Apéndice 6

Listado de hierbas para utilizar en copalera o sahúmos correspondientes al elemento Aire para liberar Sigilos

SIGILOS MÁGICOS CURSO - LIBRO

Código de ingreso al material de vídeo clases en "Google Clasroom":

Introducción

El arte de la hechicería con sigilos nos brinda una infinidad de posibilidades para proyectar nuestra voluntad mágica y manifestar en nuestra realidad el presente que deseamos.

En este "curso-libro" nos adentraremos en el amplio mundo de los sigilos, comprendiendo su significado y la forma de operar que poseen, para poder aplicar de forma correcta nuestra intención.

Veremos las maneras de como simplificar nuestra frase para un sigilo, diferentes métodos de creación, como podemos prepararnos para el acto mágico, como encender el fuego sagrado, realizar la carga magnética, empoderar nuestro sigilo y el proceso de liberarlo.

También veremos prácticas especiales como lo son los sigilos sonoros, corporales, gráficos y también los sigilos servidores.

A este "curso-libro" le acompañan clases en vídeo para cada uno de los temas que se presentan. Este material se encuentra disponible en "Google Clasroom" y para acceder a él debes ir a la última página del libro donde se brinda el código de ingreso.

Capítulo 1

Sigilos

*L*a historia de los sigilos se remonta a los primeros pasos del hombre desde que comenzó a utilizar imágenes para inferir la intención.

Lo que significa que esencialmente hemos estado creando sigilos o símbolos para comunicar y expresar nuestras voluntades o deseos desde que el hombre genero grupos sociales.

¿Qué significa la palabra sigilo?

LA PALABRA SIGILO, para algunos investigadores, creen que proviene del inglés "sigil" proviene del inglés medio "sigule, que a su vez proviene del latín tardío "sigilum" que significaba "sello pequeño". Por otra parte, otros investigadores creen que pueda estar relacionado con el hebreo "sigula" que significa "talismán" u "palabra o acción de índole espiritual". Algo interesante a destacar es que en la lengua española se tradujo como "sigilo" y no como "sello", lo que nos lleva a pensar que se buscó diferenciar de forma práctica al término utilizado para sellos cotidianos de los sellos mágicos.

¿Qué es un sigilo?

COMO DIJO JUNG, "EL signo denota un objeto especifico o una idea que puede ser traducida en palabras. Por otra parte, el símbolo no puede ser presentado de otra manera y su significado trasciende lo meramente dibujado".

En el caso del sigilo, hablamos de un símbolo que encierra un poder mágico, decir, el poder mágico de una intención sellada dentro de él.

El sigilo es una representación gráfica en forma de dibujo, pintura, grabado, etc. Es la encargada de evocar la intención que ha sido sellada para alcanzar un objetivo en especial.

Los Sigilos son símbolos mágicos muy antiguos, se cree que antiguamente fueron utilizados con el fin de expresar la voluntad del creador para influir en su entorno natural para generar condiciones que lo favorecieran, sean físicas, mentales o espirituales, es decir, sus usos iban desde la intención de generar lluvias para los cultivos en tiempos de sequía, como de generar un crecimiento de conciencia en el practicante de la magia.

Es importante destacar que fueron asociados a la invocación demoniaca, durante la última etapa de la edad media y el renacimiento, con el auge de los grimorios, en particular a partir de "la clavícula del rey Salomón", el cual contenía una gran variedad de sigilos para invocar y controlar demonios, por lo cual tuvieron una reputación muy oscura hasta los últimos tiempos en los que los magos del caos reformularon la funcionalidad de los sigilos y la aplicaron a la elaboración de hechizos de muy variada naturaleza, particularmente enfocándolos en el ejercicio de una voluntad o de una intención, en vez de la invocación o el contacto con entes psíquicos o espirituales diversos.

En la actualidad la práctica de sigilos a continuado evolucionado como toras las artes mágicas, pero por supuesto conserva la esencia de sus orígenes. Podemos decir que esta poderosamente influida por los antiguos magos caoistas, la brujería tradicional y las tradiciones mágicas modernas.

En mi opinión considero que las practicas magias evolucionan a la par del crecimiento y las necesidades espirituales de la sociedad que las practica, en este caso podemos ver esos principios de "los magos del caos" en la expresión de la voluntad mágica y la amplia variedad de usos. Podemos ver el aporte de la "brujería tradicional" en la activación y formulación de hechizos. Por otra parte, las "tradiciones mágicas modernas" han aportado una amplia variedad de formas de creación de sigilos, un lineamiento moral para el uso de la magia (por ejemplo: "has lo que deseas mas no dañes a nadie").

Podemos decir que actualmente es la representación gráfica esencial de una cosa, persona, lugar o deseo que el practicante puede tener.

El sigilo es el puente, que una vez que ha sido cargado y utilizado mágicamente, trae a la vida del practicante aquello que representaba en primer lugar.

Funcionamiento de un sigilo

LA ESENCIA DEL FUNCIONAMIENTO de los sigilos se basa en la visión mágica de la realidad.

Desde este punto de vista un símbolo es parte integral de la estructura de la realidad misma, un subconjunto de la realidad a la cual accedemos por medio del símbolo. Cuando creamos un símbolo y lo cargamos con la energía de su intención hacemos que el significado de dicho símbolo cobre existencia, es decir, los símbolos son literalmente parte de la estructura relacional que mantiene el universo unido y funcionando, ya que todo en el universo está conectado y si recordamos la "ley de correspondencia", es decir, "todo lo que se da en el macro cosmos se refleja al mismo tiempo en el micro cosmos y viceversa, por lo cual lo que es real en nuestro interior es real en el exterior.

Dicho esto, es importante que como practicantes reconozcamos nuestra capacidad de cargar dichos símbolos con nuestra energía de intención. Para realizar dicha carga accederemos a nuestro subconsciente, dado que su lenguaje son las imágenes podemos acceder a él por medio de los símbolos, es decir, con un sigilo.

14

subconsciente, dado que su lenguaje son las imágenes podemos acceder a él por medio de los símbolos, es decir, con un sigilo.

Capítulo 2

———

Creación de Sigilos

Diferentes magos y brujas a lo largo del tiempo han creado distintas formas de cómo crear sigilos, pero todos poseen un punto fundamental en común que es la construcción de la palabra o frase para el sigilo.

A continuación, veremos cómo formular la frase, o palabra, y los métodos más elegidos por los practicantes modernos. Recuerda que puedes utilizar cualquiera de ellos, no existe un método mejor que otro, sino que se trata de elegir el método que sientes afín a ti y a tu creatividad para expresar tu voluntad mágica.

Frase o palabra del sigilo

LA FRASE O PALABRA que utilicemos no puede estar en tiempo pasado o futuro, ya que de esa forma no estamos haciendo concreto. Para que nuestra intención se manifieste debe estar hecha en tiempo presente. Ejemplo: si la intención es aumentar la abundancia, no podemos utilizar frases como "deseo que aumente mi abundancia" o "pido que mis ingresos aumenten" porque estaríamos hablando desde la falta o la carencia. Una frase como decreto sería:

"MIS INGRESOS ECONOMICOS SE INCREMENTAN"

Siempre van en afirmación porque es la voluntad mágica deseada, nunca desde la falta o carencia porque atraeremos lo mismo y en lo posible que la frase o palabra sea clara y contundente con la intención que tenemos para que sea como un decreto y al hacer la carga magnética nos resulte casi como un mantra.

Una vez que tenemos nuestra frase elegida podemos comenzar con nuestro sigilo.

Simplificación de frase

UNA VEZ QUE TENEMOS nuestra frase o palabra pasamos al paso de simplificarla para luego poder crear nuestro sigilo. Si bien hay varias formas de hacerlo, existen 2 maneras que son las más utilizadas:

Forma de simplificar N°1: Se toma la frase y se le quitan las vocales, luego se quitan las consonantes repetidas dejando solo una de ellas. Siguiendo con el ejemplo anterior:

1. MIS INGRESOS ECONOMICOS SE INCREMENTAN

1. MSNGRSSCNMCSSNCRMNTN

1. **MSNGR**SSCNMCSSNCRMNTN

Quedaría: **MSNGRCT**

Forma de simplificar N°2: Se toma la frase, se le quitan las vocales y luego se eliminan todas las consonantes que estén repetidas. Siguiendo con el ejemplo anterior:

1. MIS INGRESOS ECONOMICOS SE INCREMENTAN

1. MSNGRSSCNMCSSNCRMNTN

1. **MSNGRSSCNMCSSNCRMNTN**

Quedaría: **GT**

Creación

UNA VEZ QUE TENEMOS nuestra frase sintetizada con el método que sintamos más afín a nosotros, comenzaremos a crear nuestro sigilo utilizando solo las letras que quedaron de la sintonización. Para lo cual existen distintas formas y es importante que sea nuestra intuición la que nos ayude a reconocer que método es el más apropiado para nosotros, recuerda que no hay limitaciones en la creación y es fundamental que le des libertad a tu intuición buscando fluir en el proceso de gestación del sigilo, en ocasiones puede que en medio del proceso creativo vengan símbolos que son afines a nuestro propósito mágico (ejm: en propósitos de abundancias símbolos como la espiga de trigo o el planeta Júpiter, etc) y podemos incorporarlo si así lo deseamos.

A continuación, veremos los diferentes métodos que actualmente se utilizan para crear sigilos, recuerda que puedes utilizar el que desees en el momento que lo requieras, es decir, no es necesario siempre utilizar el mismo.

Método 1: Tradicional

SE TOMA LA FRASE SINTETIZADA y se crea el sigilo uniendo las letras, para lo cual puedes cambiar el tamaño de cada una, cambiar su forma, terminaciones, es decir, siéntete libre de darle una identidad única, acorde al propósito y que tu sentir considere adecuada. Siguiendo con el ejemplo anterior:

Frase Sintetizada: M S N G R C T

1. **M S** N G R C T

1. **M S** N G R C T

2.
3. **M S** N G R C T

1. M S N G R C T

1. M S N G R C T

1. MSNGRCT

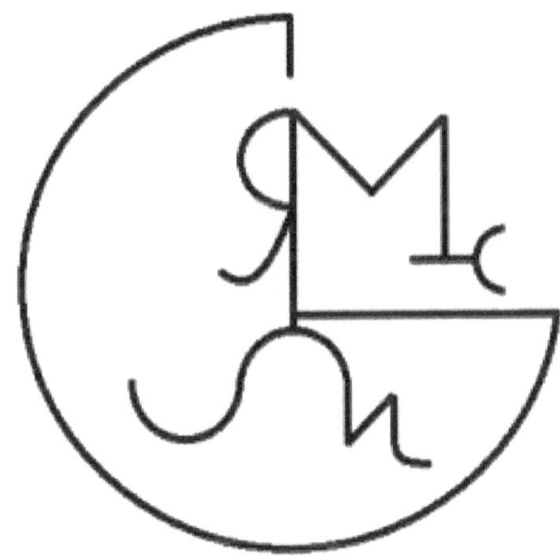

Así quedaría el sigilo terminado y solo nos quedaría hacer la carga magnética y liberarlo.

Método 2: Tradicional con Números

Este método en particular es para cuando deseamos remplazar algunas letras (o todas ellas) por números. Este suele ser un buen recurso cuando estamos dando forma al sigilo y alguna de las letras sentimos que desarmoniza.

Para encontrar que número corresponde a cada letra existen varios métodos, pero el más común y más practico en mi opinión es utilizar la tabla mágica del 1 al 9, que es esta:

1	2	3	4	5	6	7	8	9
A	B	C	D	E	F	G	H	I
J	K	L	M	N	O	P	Q	R
S	T	U	V	W	X	Y	Z	

Continuando con el ejemplo anterior: podríamos haber remplazado algunas letras por números.

1. **M S N G R C T**

1. Remplazamos la N por el número 5.

M S 5 G R C T

1. Remplazamos la C por el número 3.

M S 5 G R 3 T

DE ESTA FORMA QUEDARÍA nuestro sigilo terminando.

Método 3: Sistema planetario

ESTE ES UN MÉTODO PARA crear sigilos a través del sistema numérico planetario de "kameas".

Las Kameas son tablas numéricas asociadas a cada planeta que nos permiten una forma de creación de sigilos basada en los números asociados a las letras de nuestra frase y también al planeta que sea acorde a nuestra intención mágica.

Primero debemos tomar la tabla que utilizamos anteriormente y pasar todas las letras que conformaran nuestro sigilo a números:

1	2	3	4	5	6	7	8	9
A	B	C	D	E	F	G	H	I
J	K	L	M	N	O	P	Q	R
S	T	U	V	W	X	Y	Z	

Continuamos utilizando el ejemplo anterior.

Frase: MIS INGRESOS ECONOMICOS SE INCREMENTAN

Frase Sintetizada: M S N G R C T

En números sería: 4 (M), 1 (S), 5 (N), 7 (G), 9 (R), 3 (C), 2 (T).

Una vez que tenemos los números debemos tomar la Kamea del planeta que esté acorde con nuestra intención mágica. Para nuestro ejemplo el planeta que nos puede ayudar a expandir abundancia y aumentar los ingresos es Júpiter, por lo cual tomaremos su tabla y comenzaremos a trazar nuestro sigilo siguiendo en orden nuestros números del primero al último:

1. Kamea de Júpiter:

4	14	15	1
9	7	6	12
5	11	10	8
16	2	3	13

1. Números del sigilo: **4 , 1,** 5 , 7 , 9 , 3 , 2

1. **4 , 1, 5** , 7 , 9 , 3 , 2

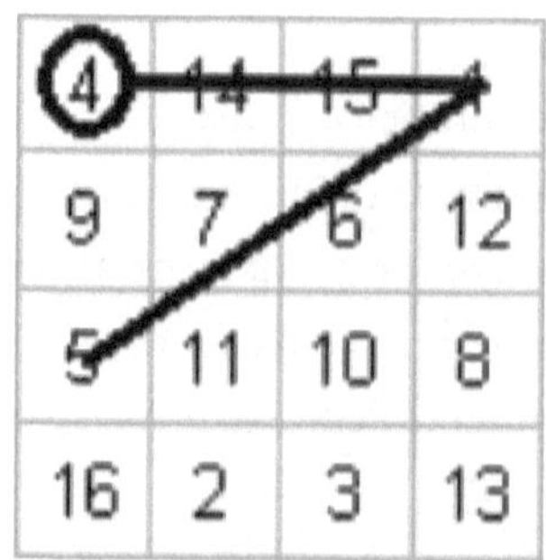

1. **4 , 1, 5** , 7 , 9 , 3 , 2

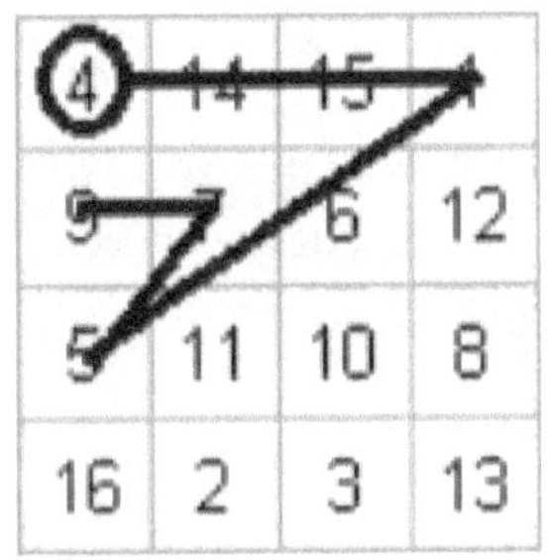

1. 4 , 1 , 5 , 7 , 9 , 3 , 2

1. 4 , 1 , 5 , 7 , 9 , 3 , 2

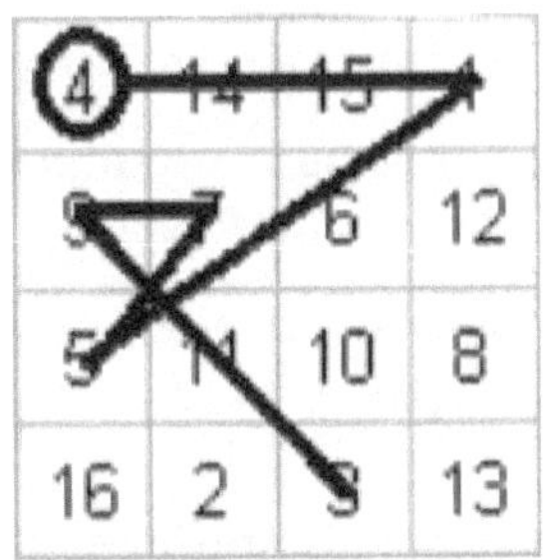

1. 4 , 1 , 5 , 7 , 9 , 3 , 2

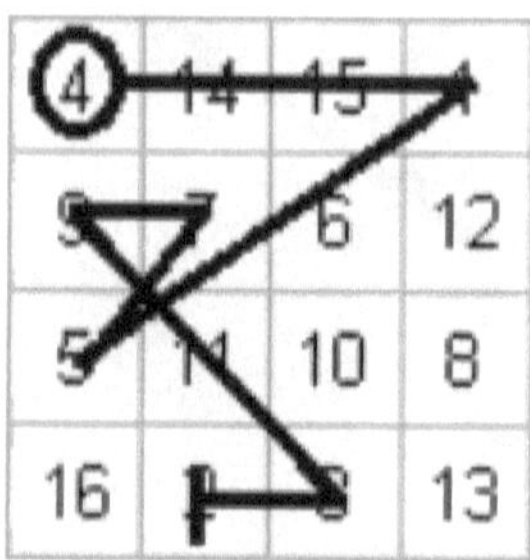

DE ESTA FORMA TENDRÍAMOS nuestro sigilo terminado listo para la carga magnética y liberarlo. Como puedes ver en este ejemplo se colocó un circulo en el inicio y una línea en el final del sigilo, esto es exclusivamente decorativo, tu puedes hacerlo de la forma en que sientas, incluso puedes utilizar curvas en vez de rectas, como también elegir colores según el propósito (Correspondencia de colores en el Apéndice 4).

Aclaración: En el apéndice 2 encontraras las Kameas de cada planeta con una descripción de para que puedes utilizar cada uno de ellos según el propósito de tu sigilo.

Método 4: Rueda del Ciclo Natural

ESTE MÉTODO ESTÁ VINCULADO a la Rueda del ciclo natural del año y es muy elegido por el paganismo, ya que la practica divide las letras en una rueda de 8 puntos, este número mágico no solo representa el infinito sino también los cíclos, en este caso es elegido por la división de las estaciones en la rueda del año, es decir, las 8 festividades paganas.

Para utilizar este método debemos utilizar el siguiente cuadro:

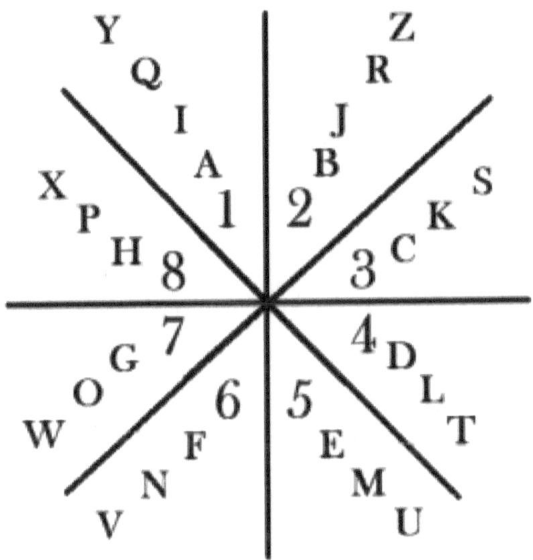

TOMAREMOS LAS LETRAS de nuestra frase e identificaremos que números representan.

(continuamos utilizando el ejemplo anterior)

Frase Sintetizada: M S N G R C T

En números sería: 5 (M), 3 (S), 6 (N), 7 (G), 2 (R), 3 (C), 4 (T).

Una vez realizado este paso comenzaremos a unir los puntos de cada número en el orden que estaban en nuestra frase. Para lo cual usaremos el siguiente circulo:

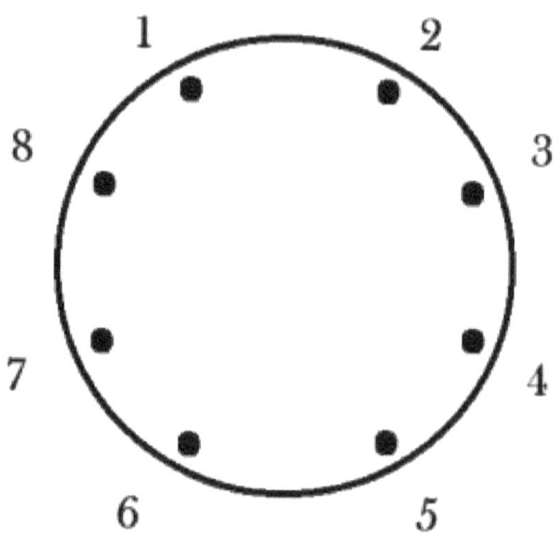

1. Vamos primero del **5 (M) al 3 (S).**

1. (N), 7 (G), 2 (R), 3 (C), 4 (T).

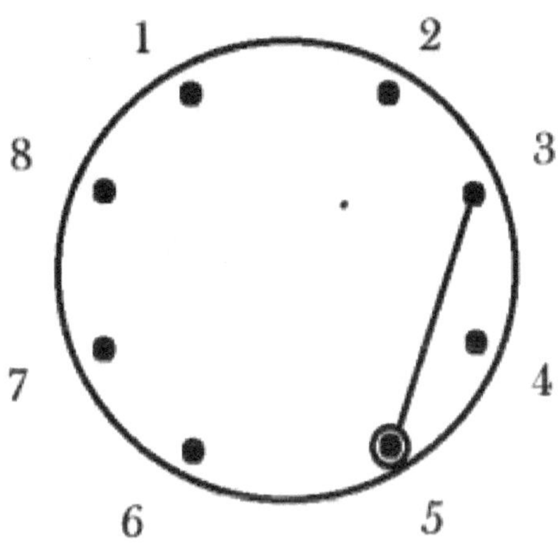

1. Vamos luego del **3 (S) al** 6 **(N)**

7   (G),   2   (R),   3   (C),   4   (T).

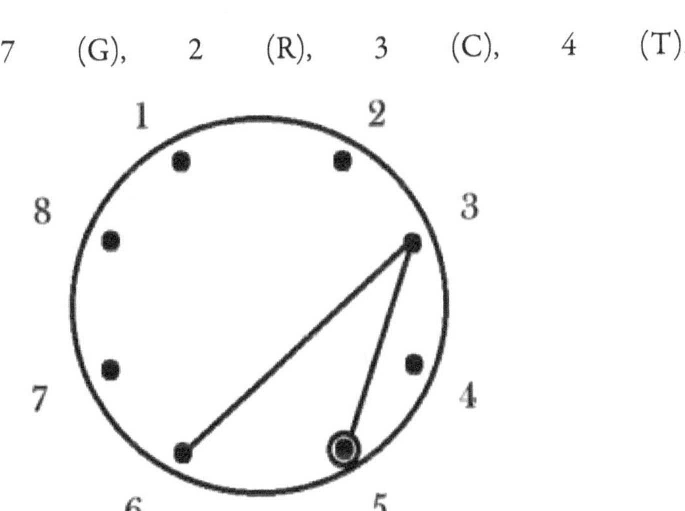

1. Vamos luego del 6 **(N) al** 7 **(G)**

2   (R),   3   (C),   4   (T)

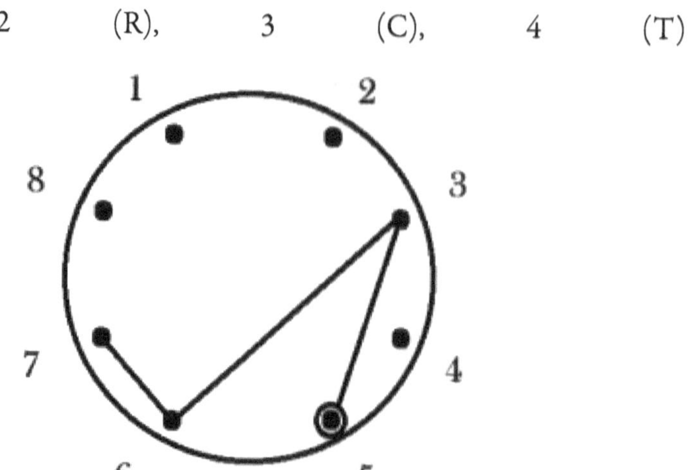

1. Vamos luego del **7 (G)** al **2 (R)**

1. (C), 4 (T).

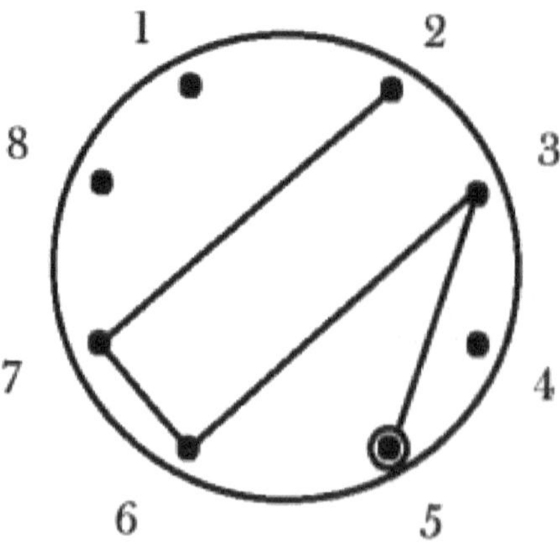

1. Vamos luego del **2 (R)** al **3 (C)**

, 4 (T).

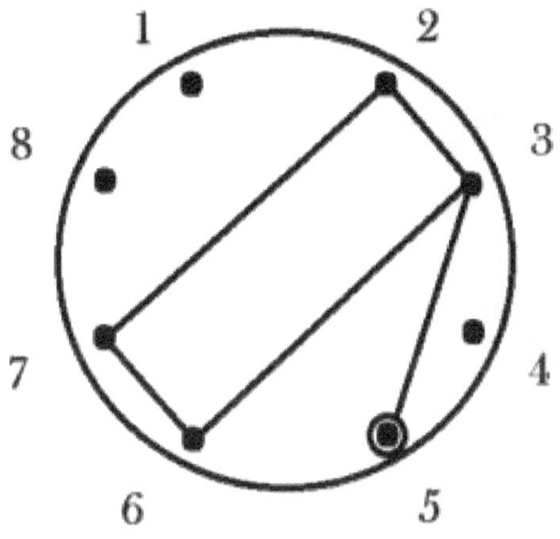

1. Por ultimo vamos del **3 (C) al 4 (T)**.

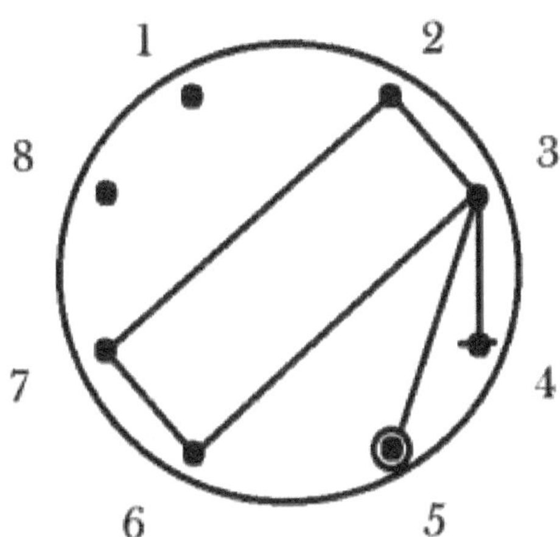

De esta manera quedaría nuestro sigilo, se suele dejar el circulo como contenedor de toda magia y como fuente de donde todo se gesta. También puedes agregar simbolismo que tengan que ver con el propósito del sigilo y de esa forma potenciar aún más la intención.

EN ESTE CASO QUEDARÍA así:

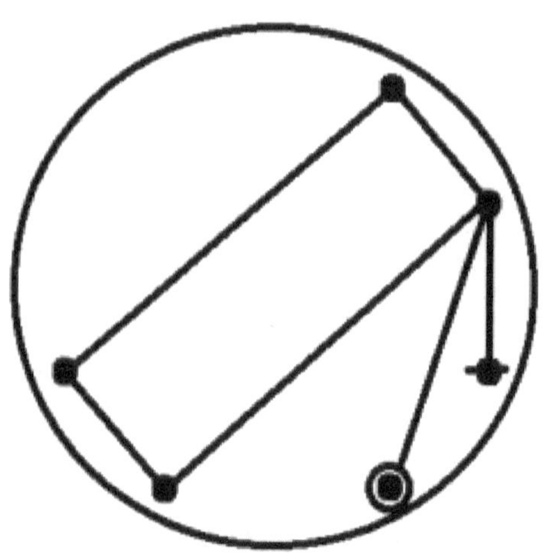

Método 5: La Rueda de las Brujas

ESTE SISTEMA PARA LA creación de sigilos fue rescatado y reconstruido por Maureen Murrish en su libro "the Wheel of the year". Antiguamente era conocido como "rueda de la cruz" o "rueda de la rosa", pero se sabe que es un sistema más antiguo aún.

Rueda de la Rosa/cruz antigua:

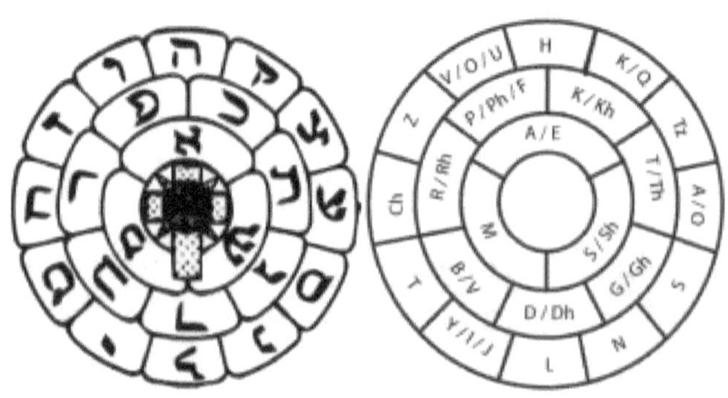

Como vemos esta matriz para crear sigilos utiliza letras en hebreo, pero también podía utilizarse su tradición como vemos en el cuadro de al lado. En cuanto al diseño, podemos ver que posee la forma una rosa vista desde arriba y cada letra está en uno de los pétalos.

Es importante destacar es la distribución de los pétalos, a lo que este sistema tiene una cercanía a la fe cristiana, podemos ver que en el círculo interno tiene 3 pétalos marcando trinidad (padre, hijo y espíritu), el segundo círculo contiene 7 pétalos, que como número mágico para los seguidores del camino de la rosa está asociado a los 7 rayos y el ultimo círculo de 12 pétalos al calendario solar.

Por otra parte, el sistema reconstruido por Maureen Murrish busca acercarse a un origen pagano.

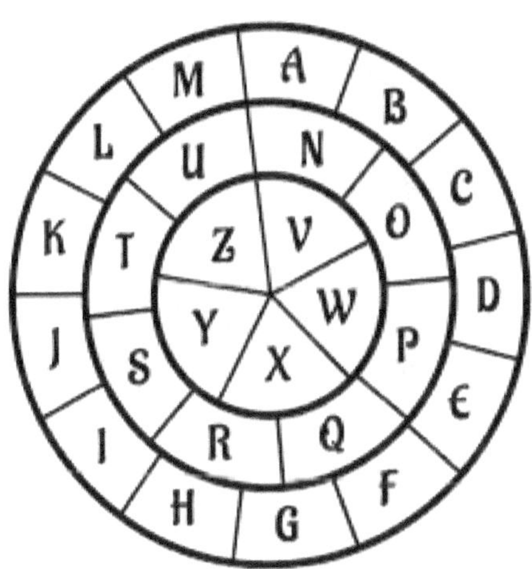

COMO PODEMOS VER EN el centro tenemos 5 letras representando al pentaculo, ya que es el símbolo principal del paganismo. En el círculo del medio encontramos 8 letras, número asociado a la rueda del ciclo natural (las 8 festividades paganas que celebran los cambios de la madre naturaleza). Por ultimo tenemos 13 letras en el último círculo representando al calendario lunar (las 13 lunas).

Para utilizarlo solo debemos tomar nuestra frase sintetizada y trazar una a una las letras en nuestro diagrama. Para nuestro ejemplo usaremos el mismo ejemplo anterior.

Frase Sintetizada: M S N G R C T

1. **M S** N G R C

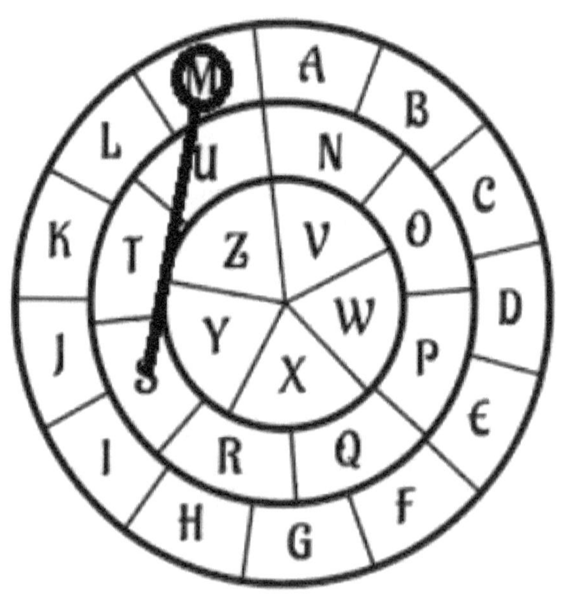

1. **M S** N G R C

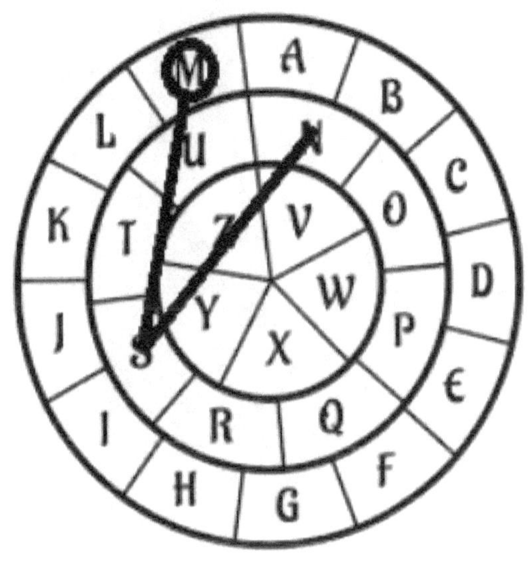

1. **M S N G** R C

1. **MSNGR**C
2. **MSNGR**C

Y de esta forma quedaría terminando nuestro sigilo, listo para realizar la carga magnética y liberarlo.

Método 6: Diagrama circular

ESTE MÉTODO CONSTA en utilizar un diagrama donde se ubican las letras de forma circular y resulta una segunda opción al sistema de la rueda de la rosa, para los practicantes de la magia que no pertenecen al paganismo o cristianismo.

Diagrama circular:

LA FORMA DE USO ES igual que en el modelo anterior, se toma la frase sintetizada y se van uniendo las letras una a una.

Continuaremos utilizando el mismo ejemplo para que no queden dudas:

Frase Sintetizada: M S N G R C T

1. **M S** N G R C T

1. **M S N** G R C T

1. **MSNG**R**CT**
2. **MSNGR**C**T**

1. **M S N G R C** T

1. M S N G R C T

DE ESTA FORMA QUEDARÍA nuestro sigilo listo para pasar a la carga magnética.

Método 7: Diagrama cuadrado

ESTE MÉTODO CONSTA en utilizar un diagrama cuadrado, el cual en realidad si observamos las letras y números se encuentran dispuestos en espiral.

A	B	C	D	E	F
S	U	V	W	X	G
T	5	6	7	Y	H
R	4	9	8	Z	I
Q	3	2	1	0	J
P	O	N	M	L	K

LA FORMA DE USO ES similar al método anterior, una vez que tenemos nuestra frase sintetizada, comenzamos a unir una a una las letras o números.

Continuaremos utilizando el mismo ejemplo para que no queden dudas:

Frase Sintetizada: M S N G R C T

1. **M S** N G R C T

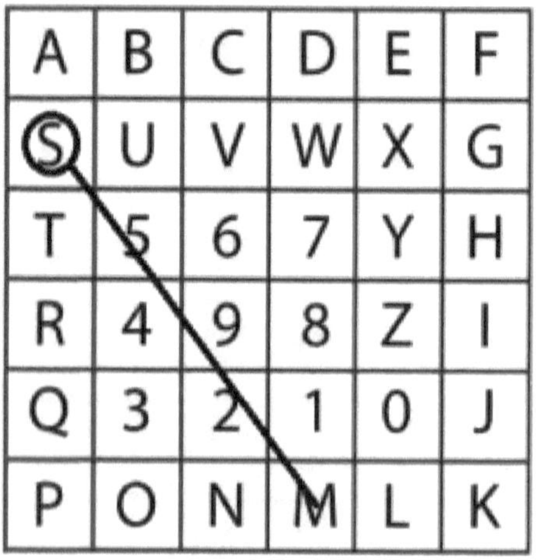

1. **MSN**GRCT

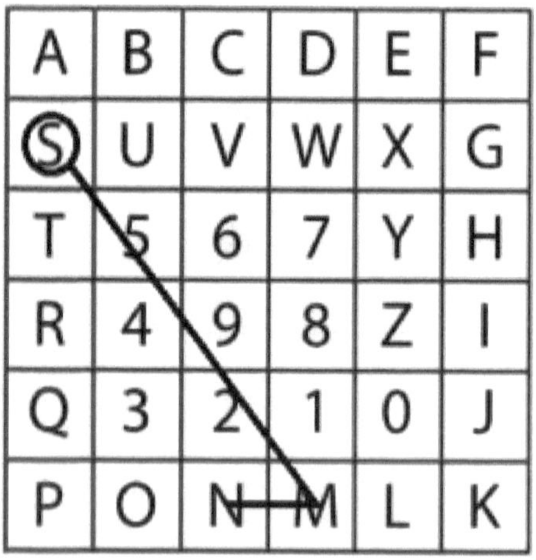

1. **MSNG**RCT

1. **MSNGR**CT

1. **MSNGRC**T

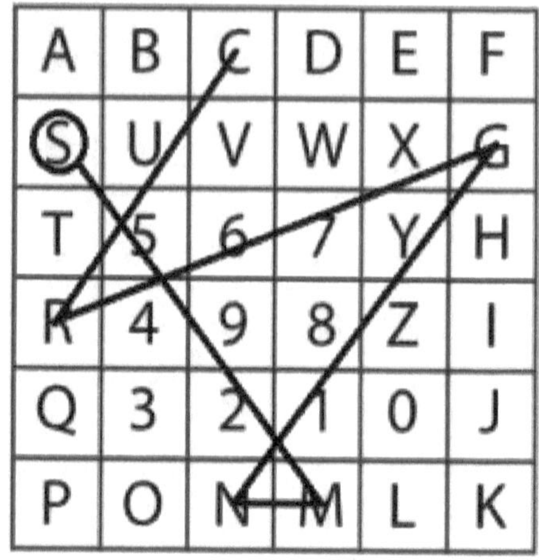

1. M S N G R C T

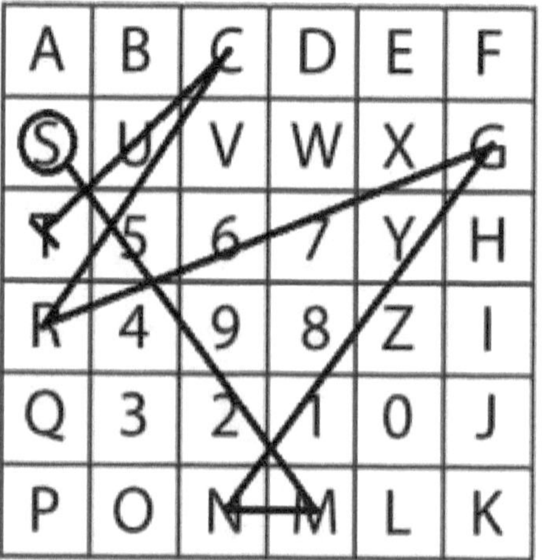

Método 8: Sigilo Grafico

ESTE MÉTODO RESULTA muy útil cuando el objetivo de nuestro sigilo es un objeto que se desea en particular o algo que podemos representar con claridad gráficamente.

El sigilo se crea a base del objeto mismo de una forma que lo podamos visualizar en el con claridad, como, por ejemplo:

Una casa:

Un auto:

Aclaración: en este método no utiliza una frase en especial, pero si debemos reconocer en el sigilo del objeto que creemos aquello que se desea obtener con claridad para qué luego al hacer la carga magnética se pueda hacer bien las visualizaciones con él.

Método 9: Alrededores de un Sigilo

UNA VEZ QUE TIENES terminado tu sigilo con el método que deseas, puedes colocar alrededor una forma geométrica que acompañe la intención mágica y la ayude a su vez a expresarla.

1. El Circulo: Los círculos son utilizados para marcar totalidad,

representa unidad, ciclos, para contener la energía del sigilo, como también para proteger la intención y aumentar la energía contenida en el interior del círculo. Ejemplo:

Algunos practicantes dibujan 2 círculos, esto se hace para asegurar que el sigilo no tenga fuga de energía. Ejemplo:

Otros practicantes a su vez, en medio de estos 2 círculos, utilizan alfabetos mágicos para escribir, otros sigilos o simbolismo mágico.

La función de estos, es potenciar el sigilo y proteger la intención, a veces se escribe en algún alfabeto mágico frases vinculadas a una divinidad como "Hécate protege este sigilo".

También puedes utilizar simbolismos mágicos que potencien la intención del sigilo como por ejemplo utilizar 3 veces la Runa "Fehu" en un sigilo de Abundancia.

Ejemplo:

1. El Triángulo: es una representación de la trinidad, las triadas divinas y nos puede ayudar tanto para elevar una intención como también para anclarla en este plano.

Los sigilos que se encuentran contenidos en un triángulo con punta hacia arriba serán más expansivos y activos. Ejemplo:

Los sigilos que se encuentran contenidos en triángulos con la punta hacia abajo nos permite bajar la energía a este plano de forma más fácil y será de forma más pasiva.

Los triángulos pueden ayudarnos a manifestar intenciones que deseamos en nuestro ser de forma equilibrada, en el sentido triple sagrado: cuerpo, mente espíritu.

También los Triángulos son utilizados para sigilos que buscan atraer o manifestar espíritus y entidades.

Estos tipos de triángulos suelen ser denominados "Triángulo de Arte". La parte del triángulo se usa para amplificar la fuerza del espíritu, mientras que normalmente los nombres de los dioses u otros sigilos se colocan un lugar a lo largo de los lados exteriores del triángulo para obstaculizar al espíritu.

Practica que no es recomendable si no poseen destreza en esta área de la magia.

1. Cuadrado: El cuadrado encarna las energías de la estructura y el equilibrio. Los sigilos rodeados por un cuadrado permiten alojar el sigilo y reservar su energía. Es para sigilos que se usan en un estado más equilibrado, donde su energía se usará más como una batería y se convocará. Ejemplo:

También se suelen utilizar otros sigilos a los lados del cuadrado, ya que de esta forma las intenciones se integrarán en uno de forma equilibrada.

Esta asociación es para cuadrados como también para rectángulos.

1. Pentagrama y Pentáculo:

Ambos representan las energías de los elementos, el poder y la protección. Ciertos practicantes colocarían su sigilo en el centro del pentagrama o pentáculo para permitirles ser más fuertes y tomar las energías de los elementos. Ejemplo:

Otra forma de usar pentagrama también es para obtener los beneficios mágicos del círculo. Ejemplo:

Además, no olvidemos que las 5 puntas de la estrella tienen que ver con los 4 elementos y el éter, por lo cual muchos practicantes suelen incorporar sigilos en las puntas con el sentido de potenciar al sigilo central.

Capítulo 3

Cargar mágicamente, empoderar el sigilo y liberarlo.

1) Una vez que tu sigilo este confeccionado

2) Realiza tu enraizamiento/centramiento

3) Enciende el Fuego Sagrado

4) Empoderar sigilo desde el Centro: Mira con tus ojos abiertos el sigilo, luego cierra tus ojos e inhala sintiendo que lo traes al centro de tu pecho, aquí conéctate con tus huesos y tu espíritu, visualiza en el centro de tu pecho brillando tu sigilo y repite tres veces tu intención o el propósito del sigilo (palabra, frase o afirmación).

5) Empoderar sigilo desde Abajo: Visualiza que mandas tu sigilo hacia las profundidades de la Madre tierra, en este punto respira energía vital sintiendo que el sigilo se vuelve más luminoso. Di el propósito de tu sigilo tres veces.

6) Empoderar sigilo desde Arriba: Visualiza que mandas tu sigilo hacia el cielo para que reciba la luz del Padre y respira energía vital sintiendo que la mandas a la imagen de tu sigilo que brilla con fuerza.

7) Luego debes realizar el decreto de lo realizado mágicamente, puedes decir: "Cargado y potenciado, por mis huesos, por mi ser serpentino, y mi ser alado, para que cumplas lo que se te ha encargado."

8) Abre tus ojos y sopla la energía del sigilo potenciada en el papel donde lo dibujaste, recuerda que el aliento es la primera expresión de vida al salir del vientre de nuestra madre, por tanto, mágicamente

tiene esa connotación de transmitir vida y expresar la manifestación energética, vital y física de nuestro sigilo en el papel.

9) Por ultimo solo nos falta Alimentar y Liberar el Sigilo.

Introducción al enraizamiento

EL ENRAIZAMIENTO ES una técnica fundamental para un practicante de magia.

Existen distintas formas de centraminto/enraizamiento ya que cada tradición mágica las ha adaptado a su propia cosmovisión. Pero todas las tradiciones buscan hacer un anclaje espiritual en el presente y conectando con las fuerzas elementales y la red energética/cósmica. Utilizando esta clase de prácticas como preparación para un ritual o trabajo mágico, como también de forma diaria por los practicantes que buscan un desarrollo espiritual y llevar una vida alineada con las energías fundamentales y con su conciencia en el presente.

A continuación, se presenta una forma de realizar dicho enraizamiento que puedes utilizar para practicas mágicas, y de forma diaria, la cual no está asociada a una tradición mágica en especial, sino que posee solo la influencia de la Brujería tradicional y las tradiciones Feericas, buscando que el practicante pueda conectar en ellas con la Madre Tierra, el Padre Estelar, la energía femenina sagrada y masculina sagrada, su linaje y ancestros, las fuerzas elementales y claro su propia esencia presente autentica.

Aclaración: si nunca has realizado esta clase de prácticas, lo recomendable es comenzar a hacerla de forma diaria para generar un hábito mágico y acostúmbrate a conectar con estas, el realizarlo te traerá múltiples beneficios como: Mayor tranquilidad en el día a día, una mente más clara, la intuición más activa, aumento del estado de bienestar debido al alimento espiritual que recibes con cada práctica, etc.

Enraizamiento

1. SIÉNTATE CÓMODAMENTE y permite que tu cuerpo se relaje, dejando ir todas las

preocupaciones de tu vida cotidiana. Observa la respiración a medida que fluye

dentro y fuera de tu nariz, y cuenta 20 inspiraciones y exhalaciones.

2. Realizamos el anclaje con las siete direcciones. El anclaje implica alinearnos con

las direcciones eternas e inamovibles de Arriba, abajo, adelante, atrás, derecha,

izquierda y centro. Al mismo tiempo abre la encrucijada el lugar metafísico

donde inicia y termina toda magia.

Arriba: Siente la grandeza del cielo que te cobija, en cada inhalación trae esa

grandeza hacia el centro de tu pecho y al exhalar siente la expansión que le acompaña.

Abajo: Siente la fuerza de gravedad que te mantiene conectado al piso, toma conciencia de la fuerza de vida que proviene de la tierra, dándote alimento y refugio, inhala esa fuerza vital hacia ti sintiendo que sube por tu

cuerpo hasta llegar al centro de tu pecho.

Adelante: todas las cosas se mueven de un estado a otro, es por esta razón que nos alineamos intencionalmente con el destino más favorable para traerlo al centro.

Atrás: Todo viene de un lugar, todo tiene un origen este origen en nuestro caso es ancestral pero también divino y salvaje, aquí convocamos a todo lo que nos ha traído al presente, nuestros ancestros, vidas pasadas y las fuerzas divinas que tuvieron la inspiración de manifestarnos.

Izquierda: Desde la memoria de la Tierra se levanta un humo, una bruma que contiene la presencia de las Madres de la Sabiduría, las sacerdotisas primigenias con las cuales estamos alineados y a las que les pedimos nos sostengan.

Derecha: Desde la derecha se levanta el mismo humo con la presencia de los padres de la Sabiduría, cumpliendo el mismo rol que las madres y balanceando así lo masculino y femenino.

Centro: Juntamos en el centro, cielo y tierra, adelante, atrás, izquierda y derecha permitiendo que con nuestra respiración se abra ese espacio de infinitud donde el dios como luz y la Diosa como aliento respiración, ritmo se juntan y nos volvemos un pulso redentor que recuerda la luz estelar que despertó toda vida. Visualiza una flama de color naranja intenso que se ha encendido en el centro de tu pecho. El anclaje nos permite abrir la encrucijada, el lugar donde toda magia empieza y termina.

3. Toma una inspiración profunda, llenando los pulmones y enfocando tu atención en el centro de tu pecho, donde ahora se encuentra encendida como una flama de color naranja, exhala y deja que un hilo de luz del centro del corazón se dirija hacia el centro de la tierra atravesando sus múltiples capas.

4. Toma otra inspiración y exhala yendo lo más profundo que puedas. En tu visión interior visualiza una fuente de flama azul, conéctate con esta flama azul platinada e inhala tres veces y retén la respiración mientras pulsas el perineo y visualizas como la flama azul sube desde

la tierra hacia ti, tomando la forma de una serpiente de flamas azul-platinadas.

5. Inspira, sostén la respiración y visualiza la energía regresando a lo largo del haz de luz, desde el centro del cuerpo de la Madre hacia arriba, pasando por todos los niveles de la Tierra y re-ingresando a tu cuerpo a través de tus pies y tu chakra base hasta llegar al corazón. Exhala, visualizando como la flama naranja y la flama azul platinada del inframundo se fusionan.

6. Inspira, sostén la respiración y toma conciencia del cielo que se encuentra sobre ti. Exhala.

7. Inspira, llevando la atención al centro del pecho, y exhala, observa un haz de luz, expandiéndose desde la flama del corazón hacia arriba, atravesando tu chakra corona, saliendo de él, ascendiendo e introduciéndose en el aire sobre tu cabeza, yendo hacia arriba y atravesando el techo. Obsérvalo viajar en el cielo, a través de las nubes y la atmósfera y hacia más arriba, en el profundo azul índigo del espacio. Observa cómo se mueve cruzando y atravesando el sistema solar, alejándose de la tierra y del sol. Visualízalo moviéndose a través de la galaxia y el universo, alcanzando la estrella brillante más lejana que puedas imaginar. Él es el Padre Estelar. Exhala. Repite tus inspiraciones y sostén el aire hasta que la imagen se vuelva estable. Imagina que empieza a caer del cielo una cascada de fuego blanco dorado como un reflector sobre ti.

8. Inspira, sostén la respiración y empieza a pulsar el perineo, mientras observas la energía pulsando a lo largo del haz de luz mientras va tomando la forma de una paloma o fénix de fuego blanco dorado que se dirige hacia ti. Deja que entre por la coronilla y descienda hasta el centro del pecho, donde se halla la flama naranja... Exhala.

9. Inspira, sintiendo como se funden la flama blanca dorada con la flama naranja y el azul platinado y visualiza una explosión de luz. Siente como los hilos luminosos de esta explosión son los hilos que te conectan a todo el resto del universo. Haz juntado las tres flamas y has abierto un portal, siente tu conexión con el tejido de la vida e irradia tu luz y bendiciones a este tejido.

Manteniendo la apertura de tu corazón, muévete más profundo dentro de tu centro en el lugar de paz y serenidad interior. Una vez que hayas alineado tu triple Alma, puedes sentir como los hilos de luz del centro de tu corazón: que ahora es un portal abierto, te conectan con absolutamente todas las cosas, siente como esos hilos te conectan a los lugares de poder de tu tierra como los bosques, montañas y llanos que has visitado y al mismo tiempo con esos lugares que están al otro lado del mundo, entra en comunión con esa red y envíale tus bendiciones.

Encender el fuego sagrado

ENCENDER EL FUEGO SAGRADO es el paso inmediatamente siguiente al enraizamiento, ya que si recordamos al finalizar el enraizamiento nos quedamos un momento sintiendo las energías de cada dirección (arriba y abajo, delante y detrás, derecha e izquierda) todo se une en nuestra flama en el centro de nuestro pecho y es esa energía la que visualizaremos como se mueve por nuestro brazo y a través del se manifiesta en nuestra vela, al encenderla con un fosforo.

El tener la flama del fuego sagrado de forma física en nuestras prácticas mágicas nos permite, entre otras cosas, conectar con cualquiera de estos planos de realidad o con la dirección que necesitemos, en el caso de la práctica de sigilos en puntual nos sirve para liberar y enviar nuestra intención mágica manifestada en el sigilo.

Alimentar y Liberar el sigilo:

LUEGO DE REALIZAR LA carga magnética del sigilo debemos realizar un paso más que es el alimentarlo y liberarlo, para que pueda cumplir con su encargo. Esto puede hacerse de diferentes formas, así como en la forma de cómo realizar un enraizamiento nos encontramos con diferentes métodos según la tradición mágica, pasa de la misma forma en como alimentar y liberar un sigilo. A continuación, veremos algunos de los métodos más destacados y en qué casos se los suele utilizar:

Los Fluidos corporales son considerados los más potentes y elegidos por los practicantes.

1. Una de las formas es la saliva, ya que esotéricamente es asociada con la palabra. Es utilizada para transmitir nuestro deseo e intención y alimentar de esta forma nuestro sigilo. Para utilizar este método, se coloca la saliva con el dedo índice y se recorre la forma del sigilo concertándose en la intención mágica y la fuerza del deseo.

Algunos practicantes suelen colocar previamente esa saliva en un cuenco y le agregan hierbas que posean correspondencias mágicas asociadas la intención mágica deseada para aumentar la carga.

1. Otro método que es muy utilizado y potente es el uso de la sangre, ya que esotéricamente esta visto como el portador de vida, el vehículo vital que porta toda nuestra información mágica y que además es nuestra conexión mágica con nuestro linaje y ancestros. Todo esto le da a la sangre un valor incalculable, para utilizarla solo es necesario un pequeño pinchazo (en un dedo con un alfiler, por ejemplo) y se coloca

la sangre sobre el sigilo grabado en nuestra hoja, visualizando nuestra intención, deseo y voluntad mágica vital alimentando a nuestro sigilo.

Una aclaración importante si vas a utilizar este método es que no se requiere gran cantidad, incluso con una gota está bien, recuerda que en una sola gota de sangre se puede reconocer tus genes y esotéricamente tu linaje mágico, lo que nos recuerda que cantidad no es igual a calidad en la magia, con una simple pero poderosa gota, una intención fuerte, una mente enfocada y el deseo claro, se puede alcanzar el objetivo mágico.

Aclaración: algunas brujas utilizan su sangre menstrual para alimentar sus sigilos, esta sangre suele ser muy fuerte para alimentar los sigilos, más incluso cuando el objetivo tiene que ver con fertilidad o manifestar proyectos.

1. Uno de los métodos más poderosos es el uso de la energía sexual. La técnica sencilla implica iniciar un proceso de masturbación frente al sigilo, a medida que las ondas de placer crecen se envío esa energía al sigilo alimentándolo y cuando se alcanza el orgasmo, mira fijamente el sigilo con los ojo abiertos o cerrados y repite su intención mientras dure su orgasmo.

Los fluidos son colocados sobre el sigilo.

Algunos practicantes cuando desean alimentar y liberar sigilos cuyo objetivo es muy importante para ellos suelen utilizar los 3 métodos anteriores juntos. Esto lo vuelve más potente ya que de esta forma la saliva transmite la palabra, la sangre el poder del linaje, la energía sexual aporta la fuerza del deseo que se quiere alcanzar y el flujo brindan la expresión vital.

1. Si sientes que algunos de los métodos anteriores no vibran con vos o posees una imposibilidad para aplicarlas puedes remplazarla utilizando agua florida, ya que de la misma forma que es utilizada para alimentar amuletos, oráculos o herramientas mágicas, también puede ser utilizada para alimentar tu sigilo.

2. En el caso de sigilos cuya intención tiene que ver con los ancestros o con seres feéricos puedes utilizar tabaco natural o agua de tabaco como alimento.

3. Un sustituto de la sangre que puedes utilizar si por razones de salud no puedes realizar un pinchazo es utilizar un preparado de sangre de dragón o sándalo, previamente consagrado con la función de sustituir tu sangre en rituales. (Para estos casos te dejo 2 recetas en el apéndice 1).

Una vez echo este paso se lo libera quemándolo en la vela del Fuego Sagrado, ya que dicha flama representa el puente en nuestro momento ritual del portal a los otros planos de conciencia y manifestación. Al liberarlo solo nos queda esperar a que se manifieste el objetivo, los sigilos son de efecto rápido a menos que el objetivo este aclarado en un determinado tiempo y tenga que ver con objetivos de más largo plazo. Pero por lo general se considera que la magia puede tardar cerca de medio ciclo lunar en manifestarse, es decir 14 días aproximadamente. A veces cuando la intención y la energía elevada son poderosas, puede manifestarse con mayor rapidez.

Debemos recordar aquí que la Voluntad debe ser, como dijo Crowley, pura y desprovista del anhelo de resultados. Es decir, en términos de sigilización, esto significa que, después de la operación mágica, debemos quitar de nuestra mente el deseo por el resultado de la misma.

Cuanto más nos alejamos del deseo original, más garantizado es el resultado.

Otras formas de liberar el sigilo

RECORDEMOS QUE EL PROCESO de liberar un sigilo consta en soltar toda esa carga energética de intención, puesta en el objetivo del sigilo, al universo para luego olvidar y dejar que la magia actúe. Por lo tanto, existen otras formas de liberar diferentes al uso del "Fuego Sagrado" (aunque en lo personal prefiero este método).

Otros métodos pueden ser:

1. Entierro: Una de las formas es entregar nuestro sigilo a la madre naturaleza para que esta reciba nuestra intención y carga energética.

Para esto se debe realizar la liberación en un espacio natural, la elección del espacio debe ser realizada desde el sentir, a veces puede ser un bosque, parque, incluso un patio de un hogar donde las plantas y la Madre Naturaleza se puedan sentir.

En este método también se recomienda encender internamente en el pecho el "fuego sagrado" pero con la diferencia que en vez de encender una vela puedes realizar un pequeño hueco en la tierra para enterrar el sigilo, en este punto se busca visualizar ese hueco como el vientre de la madre tierra que recibe nuestra intención en forma de sigilo, además de nuestra carga magnética y alimento. También en este punto se suelen brindar ofrendas a la Madre Tierra tales como semillas (símbolo de la nueva vida), leche (la nutrición y abundancia), miel (símbolo del esfuerzo, el amor y la dulzura).

Durante todo el proceso algunos practicantes tienen mentalmente la imagen de la madre tierra recibiendo en su vientre a nuestro sigilo y visualizando como mágicamente en él se va gestando como si fuera un nuevo ser vivo, solo que en este caso es una intención, un deseo y para que este se cumpla se libera en la tierra toda esta carga mágica.

1. Aguas activas: este método consta en realizar la entrega en las aguas de un río o el mar.

Por lo general los ríos o el mar se utilizan para cuando la intención de nuestro sigilo tiene un fin puntual y es un método muy elegido para sigilos que tienen que ver con el amor.

Se suele realizar el proceso de despertar el "fuego sagrado" en el interior del pecho y luego se visualiza como la carga de intención se impregna en nuestro sigilo mientras lo sostenemos sobre las aguas del río o mar. En el momento de Liberar se lo suelta y deja que la corriente se lo lleve liberando toda la energía contenida. Por lo general esta clase de métodos es utilizada por practicantes que tienen afinidad con el elemento agua o con alguna divinidad de dicho elemento. Incluso algunos practicantes consideran que el hechizo se cumplirá de forma efectiva si la corriente se lo lleva, pero de quedar en una orilla o si el mar lo devuelve es una muestra de que no es el momento aun para que se cumpla dicha intención.

Aclaración: Algunos practicantes en vez de sostener el sigilo sobre las aguas deciden adentrarse en el rio o mar con su sigilo para soltarlo dentro del agua y al salir el proceso esté concluido.

1. Aguas estancadas: Por otra parte, los sigilos que tienen un objetivo de desarrollo espiritual o evolución personal se suele elegir más los lagos o lagunas. Este método es utilizado por practicantes que poseen una afinidad al elemento, pero también con los seres feéricos que los habitan o con divinidades asociadas a los lagos o lagunas.

Una de las formas de liberarlo es luego de realizar nuestro centramiento y encender en el interior de nuestro pecho el "fuego sagrado" y sumergir el sigilo en el lago o entrar en el lago con nuestro sigilo, realizar la liberación al sumergirnos para que al salir del agua se culmine el proceso.

1. Aire: Otro método es el quemar nuestro sigilo en la copalera o sahumador, estas herramientas son utilizadas para trabajar con el elemento aire por lo que es un método elegido para sigilos cuya intención tiene que ver con este elemento.

Previamente se recogen las hierbas o polvos cuya correspondencia está asociada al aire (si no sabes cuales son, en el Apéndice 6 te dejo una lista).

A la hora de liberar el sigilo en vez de hacerlo con la vela se encienden las hierbas en la copalera y se quema el sigilo dentro. El humo de las hierbas transportará nuestra intención en el sigilo. Este método es utilizado por practicantes que tienen afinidad con el elemento aire o con divinidades de dicho elemento.

Como puedes ver a lo largo de estos ejemplos, existe más de una forma de liberar un sigilo y es un proceso muy íntimo, personal y especial. Por lo cual debes permitir que tu intuición y creatividad te guíen a la hora de identificar de qué forma vas a liberar el sigilo.

Ningún método es mejor o peor, recuerda que no debes utilizar siempre el mismo, de hecho, la mayoría de los practicantes eligen el método según la intención:

- sigilos referentes al elemento fuego usan las flamas
- Sigilos del elemento agua usan los mares o ríos
- Sigilos del elemento aire usan las montañas o el quemarlos en copaleras con hierbas sagradas
- Sigilos del elemento tierra en los bosques o parques.
- Sigilos de amor en el mar con divinidades femeninas como Yenmanja o en los ríos con Oshun. (Las divinidades siempre deben ser aquellas con las que tu sientes y conoces, las que brindo son ejemplos).
- Sigilos de proyectos materiales en la tierra entregando ofrendas como leche.
- Sigilos de proyectos laborales o profesionales con la flama.
- Sigilos servidores o de protección, que son los que se quedarán con nosotros se suele utilizar la flama.
- Sigilos de sanación o bienestar mental, creatividad de pensamiento, se utiliza la copalera con hierbas.

¿Puede no funcionar un sigilo?

LAS CAUSAS POR LAS cuales un sigilo puede no funcionar son diferentes:

1. Una de las razones más comunes por las que un sigilo no funcione es por la espera, muchas veces no se comprende el

sentido de liberar al sigilo, cuando hacemos este paso de liberar y enviar el sigilo debemos dejarlo ir realmente en ese momento, para hacerlo debemos olvidarnos de él, también olvidarnos de lo deseado, no estar expectantes al resultado o esperando a que momento sucede, sino que debemos seguir naturalmente con nuestras vidas.

"Recuerda que si realizaste el sigilo y pasado un tiempo lo tienes presente o a su objetivo, significa que no se cumplirá, ya que inconscientemente lo estas reteniendo con vos, sea en la mente o en deseo... debes soltarlo, olvidarlo, dejarlo ir"

1. Otra de las razones más comunes suele ser que los sigilos toman caminos muy diferentes a los que nosotros pensamos de acuerdo a como se podría manifestar, pero llega igual. Ejemplo: alguien que busco aumentar sus ahorros, en el inconsciente lo asoció directamente con tener más abundancia, pero un resultado posible también sería la disminución de gasto por diferentes motivos que le permiten hacer un mayor ahorro.

"Recuerda a la hora de crear el sigilo ser especifico en la frase, teniendo en cuenta que existe una variedad infinita de formas de que llegue aquello que intenciones".

1. Otro error muy clásico es cuando la mente o el deseo no están bien enfocados y esto parece simple, pero es muy fácil que la mente nos juegue una mala pasada, o el deseo. Ejemplo: una persona se separó hace un buen tiempo y quiere hacer un sigilo para atraer nuevamente el amor a su vida, pero al hacerlo puede pasar que la mente "visualice de forma clara la experiencia de un nuevo amor y el disfrute", pero el deseo puede estar sintiendo a su "ex pareja, o simplemente

proyectado el miedo a salir con una nueva herida".

"Recuerda siempre revisar antes en reflexión, aquello que deseas con cuidado, si se corresponde con lo que proyectas mentalmente y deseas intencionar."

1. A veces puede pasar que al momento de crearlo se poseía una sintonía perfecta, pero por algún motivo debimos dejar el proceso y continuarlo en otro día diferente. Al activar o magnetizar el sigilo en dicho día puede que se perdiera la carga de inspiración y el estado que se tenía en un principio, por lo que puede que no salga con la misma fuerza o que no de los resultados deseados.

"Recuerda que si bien puedes hacer estos pasos (creación y activación) en días diferentes, recuerda la frase: el hierro se ha de machacar caliente, por lo que es mejor hacer todo en ese mismo momento".

1. En algunas ocasiones los sigilos no dan resultado simplemente porque se está en el proceso de aprendizaje y alguno de los pasos pueden hacerse mal, lo que no traerá una consecuencia negativa, sino que deberá volver a crear un nuevo sigilo y revisar los pasos que hizo anteriormente para no volver a cometer el error.

Capítulo 4

Otras formas de uso de los Sigilos

Sigilos sonoros

Los sigilos también pueden crearse de manera sencilla y haciendo uso de la voz, la manera de crearlos como ya hemos visto es muy sencilla, creamos una frase o palabra que resuma la intención de lo que me gustaría alcanzar y puedo usar el mecanismo de tachar las letras iguales. Para tener un ejemplo claro digamos que necesitamos protección: "Estoy protegido frente al ataque de mi enemigo" Quitamos las letras que sean iguales, quedando con:

Sypfqu

Ahora con estas letras voy a crear una entonación que esté acorde a mi propósito. Usar mi voz de la manera que la intención se acople a lo que necesito es importante. Para protección puedo usar algo similar a un rugido para la paz quizá algo más suave como un canto de cuna, para la abundancia seguramente necesitare que mi voz suene de manera expansiva y amplia. Siguiendo con nuestro ejemplo entonces relleno con las vocales justas o añadiendo las consonantes que me ayuden a anclar mi propósito. Puede quedar algo así:

SY PORRRRFUUUUQUARTTTTT!!!

Luego cuando ya tengo el sonido realizo el proceso para cargarlo haciendo uso del enraizamiento y encendiendo el fuego sagrado en el corazón. Con la diferencia de que en vez de visualizar nuestro sigilo siendo cargado con los 3 planos, lo que aremos será vocalizar nuestro sigilo 3 veces hacia cada plano para que sea reconocido y potenciado de esta manera. Como también si se desea puede ser enunciado también a las 4 direcciones para que los elementales de cada una lo reconozcan, potencien e incluso nos brinden su energía en el sentido que tiene dicho sigilo.

Sigilos corporales

LOS SIGILOS CORPORALES son una manera rápida de trabajar la magia, al igual que con los demás sigilos necesitamos una intención clara que en esta ocasión se traduce en un movimiento o una serie de movimientos que nos permita condensar una intención e influenciar el ambiente para obtener lo deseado. El o los movimientos pueden surgir inspirándonos de imágenes antiguas de divinidades o de las culturas chamánicas de la prehistoria o el mundo oriental, pero básicamente al igual que con los sigilos sonoros, buscamos que el o los movimientos transmitan aquello que deseo.

Para lanzar este tipo de sigilos debo de haber realizado el enraizamiento previo y encender el fuego sagrado en el corazón.

En este estado de conciencia realizo el movimiento poniendo la intención de que cada movimiento se exprese con el sentir que porta en cada uno de los planos de conciencia y dirección, con cada una de mis realidades de conciencia, y así sea cargado de poder.

Al lanzarlo imagino que lo hago desde la presencia de mi conciencia en todos los planos de realidad y al finalizar el movimiento imagino una onda expansiva que surge desde el centro de mi pecho hacia afuera.

Sigilos vinculados a ayudantes espirituales

EN EL CASO DE SIGILOS especiales que los creamos con la intención de que permanezcan con nosotros, como puede ser un sigilo de protección, resulta muy útil unirlos a ayudantes espirituales.

Los ayudantes espirituales son creados y moldeados por nosotros mismo (en lo posible crearlos con nuestras propias manos, no es recomendable comprar objetos para esta clase de prácticas). Existen diferentes formas de buscarlos y crearlos, a continuación, les comparto uno de los métodos más simples pero que es poderosamente efectivo.

1. Es importante que antes de comenzar la búsqueda, de la forma del ayudante, realicemos el enraizamiento y encendamos el fuego sagrado en nuestro pecho. Esto se realiza porque la forma se revela en un estado de meditación.
2. Una vez que alcanzamos este estado de relajación observaremos fijamente nuestro sigilo sin parpadear el mayor tiempo posible y al cerrar los ojos diremos en voz alta "es mi intención viajar a las profundidades de la tierra en busca del contenedor de mi sigilo"
3. Dicho el propósito, nos concentraremos en nuestra respiración y con cada exhalación vamos bajando por nuestro haz de luz azul/platinado que nos conecta con esa flama central azul platinada.
4. Al llegar al centro, frente a esa flama central presentamos nuestro sigilo y pedimos que sus llamas revelen la forma o silueta que debe ser materializada en el ayudante.

En este punto es muy común ver que se ve en forma luminosa o a veces con sombras se denota la figura, es importante tomarse el tiempo de visualizarla bien. Recuerda que los ayudantes espirituales no suelen presentar grandes detalles estéticos sino todo lo contrario, e incluso puede ser que veas simplemente una roca, caracola, madera, también pueden tener forma humana, amorfa, animales, plantas, o formas como un monolito o pirámide. Lo importante es estar con apertura y recepción a lo que el fuego azul platinado muestra.

1. Una vez que tenemos la información de la forma, damos las gracias a las llamas y nos concentramos nuevamente en la respiración y con cada inhalación sentimos como subimos por nuestro hilo de luz hacia nuestro cuerpo.

Es recomendable que antes de realizar esta clase de prácticas tengas a mano, piedras, madera, arcilla que puedas utilizar para moldear, etc. Ya que en el momento de abrir los ojos luego de traer la información de la forma es un excelente momento para crearlo, dado que tienes la imagen fresca en la mente y que estas centrado en tu espacio ritual para dar forma y crear a este ayudante espiritual.

Algo que debemos tener en cuenta es que no es aconsejable el crearlos en papel, recuerden que el contenedor es una representación física de ese ayudante espiritual, y el papel es un elemento muy débil para esta clase de propósitos mágicos, ya que el papel con el tiempo y la humedad se ve muy afectado, por ende, así también se verá afectado nuestro ayudante y a la vez su función no la cumplirá tan efectivamente.

En algunas oportunidades visualizamos donde debe ir colocado el sigilo, en otras puede que solo veamos la forma (de ser así puedes elegir en que parte colocarlo).

Ejemplos de cómo se ven los ayudantes espirituales:

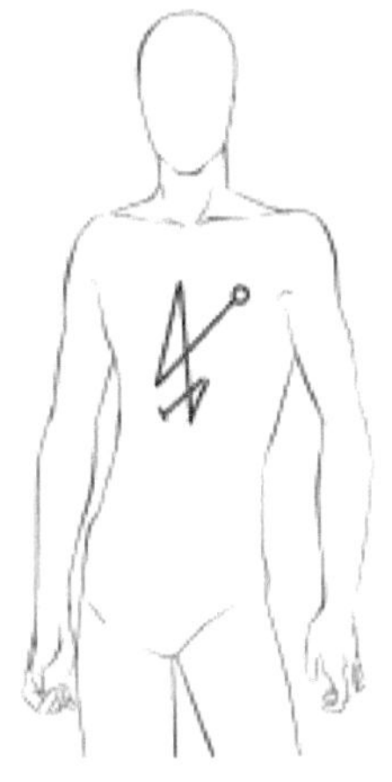

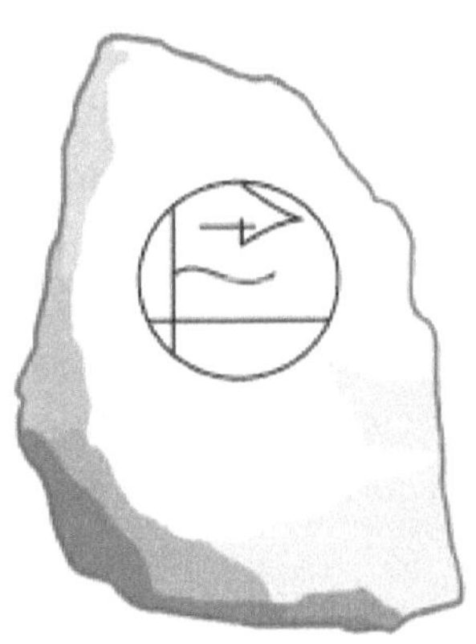

UNA VEZ QUE TENEMOS terminado nuestro ayudante espiritual, procederemos a presentarlo ante cada dirección pidiendo que sea cargado con la energía de cada una de estas para la función que fue creado.

Aliento de Vida: Luego de pasar por cada dirección vamos a compartirle de nuestro propio fuego, para lo cual visualizaremos como de la flama que se encuentra encendida en nuestro pecho sale parte de su energía hacia nuestra garganta y a través de nuestro aliento se la transmitimos a nuestro ayudante.

Este proceso es denominado como aliento de vida, porque el fuego que despertamos en nuestro pecho es la energía fundamental vital, estamos compartiendo parte de esa energía y para que esta se asiente debemos pasar a nuestro servidor por encima de la llama física del fuego sagrado (algunos le dan 3 vueltas a la llama).

Al trabajar con la llama interna y la llama física de nuestro fuego sagrado es un paso muy especial, ya que estamos trayendo a la esencia del ayudante creado como sigilo, del plano no tangible al tangible, a partir de ahora estará siempre presente en el objeto en el cual fue anclado.

Vinculo de Sangre: el siguiente y último paso, es muy importante ya que se trata de alimentar y fortalecer el vínculo. Para lo cual se marca con sangre a nuestro ayudante, puede ser solo una gota.

Esto se hace, ya que la sangre representa al linaje y posee nuestra información mágica, es compartir parte de nuestro propio poder mágico y vital. Por esto último es considerado una de las mayores ofrendas y que a su vez consagra el vínculo, ya que, a partir de ese momento, el ayudante reconoce por esa sangre y ese aliento, las palabras y la vida del ser que lo ha gestado y convocado, por ende, a quien debe servir.

Capítulo 5

Ejemplos de Sigilos

EN ESTE CAPÍTULO SE presentan diferentes sigilos para distintos propósitos, cada uno de ellos tiene su frase original y la frase sintetizada, para que puedas utilizarlos si lo deseas pero que a la vez también sirvan de ejemplo de construcción de sigilos.

Sigilos de paciencia.

ESTE SIGILO ES PARA personas que tienen problemas de ansiedad y que necesitan desarrollar la paciencia.

Frase original para activarlo: "soy paciente"

Frase sintetizada: sypcnt

Sigilos de creatividad.

ESTE SIGILO ES PARA personas que tiene problemas de bloqueos, que desean amplificar y despertar su creatividad.

Frase original para activarlo: "soy creativo" o "soy creativa"

Frase sintetizada: sycrtv

Sigilos de felicidad.

ESTE SIGILO ES PARA cuando una persona está pasando un tiempo de depresión, angustia o tristeza. Busca expandir la energía de felicidad.

Frase original para activarlo: "soy feliz"

Frase sintetizada: syflz

Sigilos para ventas.

ESTE SIGILO ES PARA que puedas generar más ventas. Puedes utilizarlo para ventas de forma personal como negocios.

Frase original para activarlo: "mis ventas se multiplican"

Frase sintetizada: msvntlpc

Sigilos de sensualidad.

ESTE SIGILO ES PARA cuando una persona está buscando potenciar su sensualidad.

Frase original para activarlo: "soy sensual"

Frase sintetizada: synl

Sigilos contra mal de ojo.

ESTE SIGILO ES PARA una persona que ha recibido mal de ojo, envidia y resentimiento hacia su persona.

La intención debe estar puesta en cortar y limpiar. Siempre es recomendable que luego hagas una armonización energética y a partir de ese momento utilizar un amuleto de protección si vas a seguir tratando o concurriendo los mismos lugares (lo cual no se recomienda, porque estamos siempre vibrando en la misma frecuencia densa).

Antes de magnetizar, a la hora de hacer el centramiento, es bueno en esta clase de prácticas pedir asistencia a tu divinidad si lo sientes con la intención de que te ayude a "cortar, limpiar y purificar toda energía negativa externa a ti que pueda haberse pegado".

Luego a la hora de magnetizar puedes utilizar frases como: "Soy invulnerable"

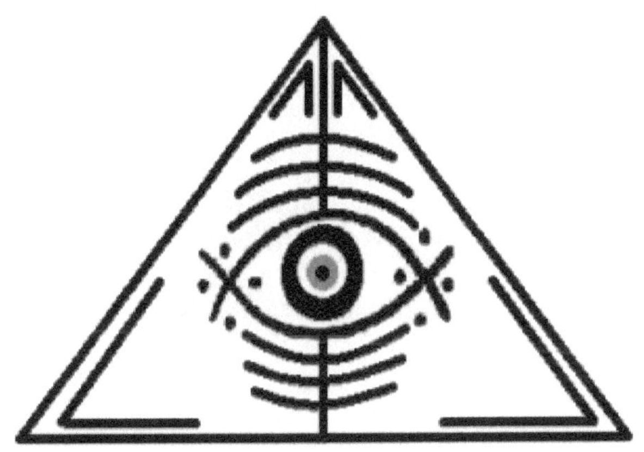

Sigilo para el Amor

ESTE SIGILO PUEDE SER utilizado para despertar y atraer el amor a tu vida. Es importante destacar que no se debe tener la intención de atraer a una persona en especial porque influye en su libre albedrío. Lo ideal es utilizar frases como: "Me abro y atraigo el amor"

Frase sintetizada: mbrytgl

Sigilo de sanación emocional

ESTE SIGILO PUEDE SER utilizado para sanar la ruptura de una relación y poder comenzar nuevamente.

Frase original para activarlo: "Soy emocionalmente sano/a"

Frase sintetizada: syn

Sigilo para el buen descanso

ESTE SIGILO ES UTILIZADO para aquellas personas que no consiguen tener un buen descanso, reponer energías con el sueño y para poder dormir placenteramente.

Frase original para activarlo: "Mi sueño es Reparador"

Frase sintetizada: msñrpd

Sigilo para el elemento Fuego

ESTE SIGILO ES UTILIZADO por practicantes que buscan desarrollar el poder personal, la fuerza de voluntad, el dominio del propio elemento interior, la búsqueda de saber del fuego sagrado, conectar con hadas de fuego o entidades del elemento, desarrollar dones de fuego, etc.

Para utilizarlo se debe escoger uno de estos objetivos y utilizarlo como frase para activarlo, ya que el simbolismo y el sigilo pertenecen están asociados y consagrados al elemento como también con la apertura para que el practicante pueda utilizarlo con el objetivo deseado.

Sigilo para el elemento Agua

ESTA CLASE DE SIGILOS es utilizada por practicantes que desean desarrollar cualidades del elemento agua en su vida, despertar la intuición, armonizar sus emociones, reconocer el sentir profundo, desarrollar la videncia, conectar con espíritus de las aguas o lugares sagrados como pacarinas u estanques sagrados, etc.

Para utilizarlo, al igual que con el fuego, se debe tomar como frase el objetivo deseado y utilizarla para activarlo.

Sigilo para el elemento Tierra

ESTA CLASE DE SIGILO es utilizada cuando el practicante busca conectar, aumentar o desarrollar el elemento tierra en su vida.

Es utilizado cuando se busca generar estabilidad, desarrollar bases concretas sólidas, firmeza, amplificar la conexión con la madre naturaleza, despertar el poder personal, conectar con seres feéricos como duendes, hadas o gnomos, etc.

Al igual que los anteriores, para utilizarlo debes tener claro un objetivo específico para activarlo.

Sigilo para el elemento Aire

ESTE SIGILO ES UTILIZADO para trabajar con el elemento aire. Puede ser utilizado con el objetivo de expandir el pensamiento, aumento de la inteligencia, generar estabilidad mental, desarrollo de la creatividad, expansión de la conciencia, generar paz mental, conectar con los vientos de las 4 direcciones, conectar con seres feéricos o elementales del aire, etc.

Al igual que en los casos anteriores, para activarlo se debe tener claro un objetivo en específico a trabajar con el elemento.

Apéndice 1

Sustitutos de la sangre para los rituales

El uso de la sangre en los rituales no es un punto obligatorio, pero no podemos dejar de reconocer que un sigilo al que se le ha dado un alimento de sangre es increíblemente más poderos y esta poderosamente conectado al poder mágico de su creador, por esta razón hoy en día, que no es tan común esta clase de métodos, se han llevado adelante practicas esotéricas muy efectivas de preparados como sustitutos de la sangre. Una de ellas muy común es el vino tinto, otra que podemos utilizar es un preparado de sangre de dragón, estas dos opciones son muy usadas ya que podemos prepáralas en un frasco especial destinado únicamente para este

fin y utilizarlo cada vez que se requiera, generalmente el preparado se suele dejar en un baúl mágico, bajo el altar o rincón mágico y es importante que no reciba la luz del sol para que se preserve por más tiempo sin perder sus propiedades mágicas.

De elegir alguno de estos métodos u otro sustituto es importante consagrarlo en un círculo de la misma manera como consagramos cualquier preparado mágico solo que con el objetivo mágico de que se convierta en un sustituto mágico de nuestra sangre.

Preparado de sangre de dragón: en un frasco de 200 ml, colocamos el equivalente a 3 cucharadas soperas colmadas (el 3 representa el sentido que le daremos como uso mágico) de sangre de dragón en polvo (planta usada para consagrar y purificar) y luego completamos el frasco hasta que este casi a tope con aceite de oliva (el aceite representa el vehículo y el olivo marca que es con un sentido espiritual y mágico), luego si lo deseamos podemos agregar 3 gotas de nuestra sangre para que el preparado obtenga nuestra potencia mágica y se fortalezca el vínculo en la mezcla. Este preparado remplazaría a la sangre en cada ocasión que se requiera.

Preparado de vino: en un frasco de 200 ml, lo rellenamos casi a tope con vino tinto y luego le agregamos 3 gotas de nuestra sangre para fortalecer el vínculo y darle mayor potencia mágica como en el caso anterior.

Apéndice 2

Simbolismo planetario y Kameas

Es muy común encontrar el uso del simbolismo de un planeta en un sigilo para empoderar la intención con su energía, como también el utilizar las Kameas para formar sigilos como vimos en el método 3 del capítulo de creación de sigilos. A continuación, se presenta cada planeta con su simbolismo, correspondencia mágica y también la Kamea que puedes utilizar.

Sol: Nuevos comienzos, empoderamiento personal, identidad, liderar, gobernar, creación, abundancia, protección, luminosidad, poder.

Kamea del Sol

6	32	3	34	35	1
7	11	27	28	8	30
19	14	16	15	23	24
18	20	22	21	17	13
25	29	10	9	26	12
36	5	33	4	2	31

Luna: intuición, dones oraculares, empoderamiento femenino, feminidad, maternidad, sabiduría emocional, fertilidad, sanación física y emocional.

Kamea de la Luna

37	78	29	70	21	62	13	54	5
6	38	79	30	71	22	63	14	46
47	7	39	80	31	72	23	55	15
16	48	8	40	81	32	64	24	56
57	17	49	9	41	73	33	65	25
26	58	18	50	1	42	74	34	66
63	27	59	10	51	2	43	75	35
36	68	19	60	11	52	3	44	76
77	28	69	20	61	12	53	4	46

Mercurio: comunicación, expresión, estudio, aprendizaje, pensamiento, intelecto, viajes, mensajes, psiquismo, creación de proyectos.

Kamea de Mercurio

8	58	59	5	4	62	63	1
49	15	14	52	53	11	10	56
41	23	22	44	45	19	18	48
32	37	35	29	28	38	39	25
40	26	27	37	36	30	31	33
17	47	46	20	21	45	42	24
9	55	54	12	13	51	56	16
64	2	3	61	60	6	7	51

Venus: Amor, arte, sexualidad, erotismo, sensualidad, belleza, juventud, creatividad, pasión.

Kamea de Venus

22	47	16	41	10	35	4
5	25	43	17	42	11	29
30	6	24	49	18	36	12
13	31	7	25	43	19	37
38	14	32	1	26	44	20
21	39	8	33	2	27	45
46	15	40	9	34	3	28

Júpiter: Abundancia, prosperidad, justicia, juicios, generosidad, benevolencia, estabilidad, sanación de animales.

Kamea de Júpiter

4	14	15	1
9	7	6	12
5	11	10	8
16	2	3	13

Marte: Lucha, potencia, fuerza, fortaleza, virilidad, impulso, guerra, energía activa, competencia, poder, valor.

Kamea de Marte

11	24	7	20	3
4	12	25	8	16
17	5	13	21	9
10	18	1	14	22
23	6	19	2	15

Saturno: Superación, desenlaces, ruptura de negatividades, exorcismo, desapego.

Kamea de Saturno

4	9	2
3	5	7
8	1	6

Apéndice 3

Uso de las Runas de las Brujas en Sigilos

En la práctica mágica de creación de sigilos es muy común ver que se utilizan distintos simbolismos que son afines al propósito y que pueden potenciar o focalizar mejor nuestra intención mágica.

Resulta muy útil el utilizar las Runas de las Brujas para enfocar mejor nuestra intención mágica y atraer la energía de la Runa a nuestro sigilo.

En este aspecto las Runas Bruja no actúan con su carácter predictivos sino con su carácter energético simbólico. A continuación, veremos una a una para dejar claro lo que cada Runa puede aportar a un sigilo.

El Sol: se utiliza de empoderamiento personal y centralidad. El sol es el centro del universo por lo cual nos ayuda a atraer la centralidad a nuestras vidas. También es una energía que nos aporta liderazgo y decisión para llevar adelante nuestros proyectos. A la vez, es utilizado para buscar la bendición solar y protección.

La Luna: Es incorporada en sigilos de transformación y cambio. La luna nos aporta claridad en procesos de transformación personal y cuando se busca realizar un cambio en la vida. También es utilizada en sigilos para desarrollar la intuición, la videncia, la hechicería y artes mágicas.

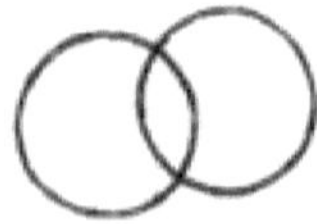

Los Anillos: es utilizada en sigilos donde se busca integrar y consolidar. En proyectos que se encuentran en marcha y se busca consolidar una estabilidad en el día a día. En sigilos que se busca consolidar un cambio o crecimiento personal.

Las lanzas cruzadas: es muy poco utilizada en sigilos debido al alto grado de fricción que contiene, pero si es cierto que en situaciones que se requiere un destape para poder re comenzar, esta Runa puede ser muy útil, por ejemplo, cuando en un grupo de trabajo hay mucha energía negativa contenida y se encuentran en una situación donde no se resuelve, pero tampoco se puede avanzar.

La Mazorca de Maíz: Es utilizada en sigilos de abundancia para atraer esta energía o acompañar pedidos de prosperidad. Es muy común que se grabe 3 ramas o 3 veces esta Runa, para marcar el sentido triple de expansión de la abundancia.

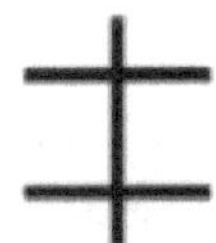

La Cicatriz: es utilizada en sigilos para cerrar heridas de la vida. Para poder sanar situaciones o dejar atrás adiciones.

Se la graba en sigilos de sanación para marcar el cierre de la herida y reafirmar el compromiso personal de auto-sanación personal.

La Serpiente: es utilizada en sigilos de sanación. Cuando una persona está en un proceso de recuperación de salud, sanación espiritual o mental, la Serpiente es una poderosa aliada para acompañar la recuperación progresiva.

Las Aves: es utilizada en sigilos de expansión del conocimiento, búsqueda de sabiduría, mejora la comunicación y apertura de oportunidades.

Para personas que están realizando estudios avanzados de algún tema, las Aves en el sigilo proporcionan una fluidez en el aprendizaje de conocimiento. Como también al reflexionar conceptos recientemente incorporados.

Para aquellas personas que tienen problemas de comunicación o expresión, las Aves en los sigilos aportan fluidez de palabras y claridad en la expresión.

En sigilos de proyectos que se está buscando una expansión, se utiliza para atraer dichos mensajes que puedan aportar oportunidades de crecimiento.

El ojo: es utilizado en sigilos para el desarrollo de dones mágicos como la videncia, la premonición, los sueños lucidos, la magia oracular.

Siempre acompaña a los sigilos de practicantes de la magia que están buscando desarrollar o incrementar sus dones.

La Mujer: es utilizada en sigilos que se busca conectar con lo sagrado femenino, Divinidades femeninas o desarrollar cualidades femeninas.

Es muy utilizada en sigilos donde se busca conectar con la energía de la Diosa o cuando el pedido se envía a ella.

El Hombre: es utilizada en sigilos que se busca conectar con la energía sagrada masculina.

Para despertar cualidades masculinas o en sigilos que los pedidos requieren de esta energía.

También se utiliza en sigilos que el pedido está vinculado con la energía del Dios.

La Estrella: es utilizada en sigilos destinados al propósito de vida, a la búsqueda del camino personal.

La estrella brinda la bendición estelar de la estrella primordial, la estrella madre de donde todo alguna vez vino.

El Romance: es utilizada en sigilos de Amor principalmente. Cuando se busca despertar el amor o que se manifieste una nueva relación o incluso vibrar en la frecuencia amor.

Además, es utilizado en sigilos que su intención tiene que ver con el amor propio.

Apéndice 4

Correspondencia de colores que puedes utilizar para crear tus sigilos.

Este contenido es un fragmento del libro "Herbalismo Mágico – Tomo de Correspondencias" de Ana María Martínez Rocha, quien generosamente me permitió compartirlo en este libro para provecho de los practicantes de la magia con sigilos.

Amarillo: El color amarillo para sigilos en la magia se encuentra asociado a la creatividad, éxito, dinero, Imaginación, Comunicación, Fuerza Mental y todo lo que tenga que ver con el cocimiento y estudio.

Azul: El color azul nos habla de tranquilidad Mental. Este color en sigilos nos habla de calma de serenidad en las distintas actuaciones y en la vida misma así mismo como de la curación de las emociones que se encuentran desequilibradas. El color azul puede ser utilizado en rituales para descubrir la verdad de aspectos ocultos. También se encuentran asociadas a la divinidad y la espiritual.

Blanco: El blanco es un color que puede remplazar cualquier otro color en los diferentes trabajos mágicos. El color blanco puede ser usado directamente para conectar con la pureza, la limpieza energética y para llamar la paz en espacios y personas.

Celeste: trabajan en la armonía familiar, paz, amor y familia. Este color tiene el poder de desintegrar la negatividad y puede ser asociada a la protección por encontrarse tan próxima al color blanco.

Dorado: Este color sin lugar a duda es representación del Dios. Se encuentra asociado a prosperidad en todas las áreas, éxito, al dinero y se muestra como símbolo de buen augurio y de objetivos alcanzados. El color dorado también nos habla de iluminación divina, de elevación en el campo energético y vitalidad del mismo.

Plateado: Representación de la Diosa. Concentración, limpieza y canalización de energías, visualización y energías astrales. al igual que el color dorado nos habla de esa iluminación divina pero esta vez por parte de la energía sagrada femenina de la diosa que se nos presenta con todas esas energías sutiles trayendo el poder intuitivo propio de esta.

Marrón: El color Marrón se encuentra conectado a la simbología de la tierra y a la curación de animales. También nos habla de seguridad y serenidad. El marrón puede ser utilizado en hechizos antirrobo, en rituales para iniciar un negocio, para cuando se va a cambiar de casa o para cuando se va a comprar un terreno. También puede ser utilizado para rituales de bendición de la tierra.

Naranja: El color naranja es símbolo de alegría y de pensamiento positivo permitiendo así el cambio de circunstancias. Es utilizado igualmente para poder obtener coraje y valentía. Puede ser utilizado en trabajos para estimular y Atraer situaciones, también es útil en los hechizos para atraer la justicia o en medio de trámites legales.

Negro: El color negro es por excelencia un color de protección para alejar negatividades. Nos ayuda a olvidar y liberar. Puede ser utilizada para hechizos para ruptura de malos hábitos, para romper todo lo que este dañando y para descubrir si en algún espacio o persona se encuentra la presencia de un ente negativo.

Rojo: el color rojo se utiliza para fuerza, pasión, vigor, valor, energía sexual y amor pasional. Es un color que contiene un gran poder para potenciar trabajos de fortaleza y de resistencia y valor ante las adversidades.

Rosa: Es utilizada Para pedir por Operaciones, Salud en general. Especial para hechizos de Amor romántico, amor propio y Amistad. Puede ser usado igualmente en hechizos para perdí calma.

Violeta: Este color es símbolo de espiritualidad por tanto es usado para la meditación, trabajos de introspección Para transformaciones y problemas de salud muy graves. Este color nos ayuda en el trabajo de las emociones y la paz mental. También puede ser utilizado en la limpieza de los campos energéticos.

Verde: Este es un color asociado a la Salud y a la Fertilidad. Este color puede ser utilizado en hechizos o para pedir fertilidad y suerte, al igual que dinero y éxito. Es un color conectado al símbolo del hogar por tanto puede ser utilizado para trabajos mágicos con este fin.

Apéndice 5

Dudas frecuentes

¿Se pueden crear varios sigilos en un mismo día? ¿Se pueden enviar más de uno al mismo tiempo?

Es posible crear diferentes sigilos en un mismo día, pero no es recomendable porque estamos dispersando la energía en diferentes áreas pudiendo perder enfoque, más incluso si hablamos de activar y liberar más de un sigilo al mismo tiempo.

La pérdida de enfoque hace que disminuya la posibilidad de que el sigilo se quede en nuestro subconsciente y por ende que realicemos una activación débil.

Por todo esto, es mejor realizar un sigilo con una función determinada en un área de tu vida, y esperar unos días para hacer el siguiente sigilo así sea en la misma árca de vida.

¿Los Sigilos a que Divinidad pertenecen?

COMO VIMOS A LO LARGO de todo este escrito, en ningún momento hablamos de Divinidades, ya que somos nosotros mismos con nuestro poder mágico, nuestra voluntad mágica, deseo, practica e intención canalizada en nuestra energía proyectada hacemos que se dé la transformación en nuestra realidad.

Aclaración: En el caso de los Servidores Mágicos es diferente, ya que a la hora de activarlos si tenemos una conexión especial con una divinidad y le pedimos asistencia, su bendición o que le confiera vida por medio de nuestro aliento, pues estará vinculado dicho servido a esa divinidad.

¿Cada cuánto tiempo es recomendable hacer un sigilo con distintas intenciones?

NO EXISTE UN TIEMPO fijo definido en este punto, pero lo recomendable es que luego de enviar un sigilo dejes pasar un buen tiempo antes de realizar el siguiente.

Lo recomendable sería esperar al menos un ciclo lunar completo (28 días), pero en caso de urgencia puedes hacerlo antes si lo necesitas.

¿Cuánto tiempo dura un sigilo?

EN ESTE CASO DEBEMOS destacar que solo los sigilos de protección suelen quedarse en nuestra vida un tiempo o los sigilos servidores.

Los demás sigilos que poseen una función en especial se los quema o incluso entierra, pero no permanecen con nosotros.

Aquellos como los de protección que, si los conservamos, lo hacemos por el tiempo que sentimos que deben estar con nosotros y que nos brindan dicha protección. A veces son ellos que nos avisan de forma sutil que su ciclo concluyó, otras porque sentimos que se desgastó o que ya no posee la misma fuerza. En estos casos es cuando le pedimos al sigilo en meditación que nos muestre cual desea que sea su última morada para dejarlo descansar.

¿Se puede tatuar un Sigilo?

LOS SIGILOS, COMO MENCIONAMOS en la pregunta anterior, al enviarlos se los quema o entierra, por lo que no se los recomienda tatuar porque justamente se trata de olvidarlos luego del acto mágico. Pero en el caso de los Sigilos de protección que van a estar mucho tiempo con nosotros algunos suelen tatuarlos, aunque se recomienda no hacerlo dado que, si el sigilo con el tiempo pierde fuerza y no cumple su función, seguiremos conservando el tatuaje sin el sentido que le dimos al hacerlo.

Por otra parte, en el caso de los Sigilos Servidores, no se los tatúa, ya que son anclados en objetos que por lo general nosotros mismos moldeamos. No se los graba en la piel porque afectarían a nuestro campo áurico, desbalanceando nuestra energía y generando un desequilibrio interno y externo.

¿Podemos desactivar un sigilo, una vez que este ya fue enviado?

ESTE ES UN TEMA MUY importante a tener en cuenta, ya que una vez que un sigilo fue liberado no hay marcha atrás, por eso resulta tan importante el reflexionar en un principio al respecto de porque se va a crear un sigilo, la intención, etc.

Algo que podemos hacer al respecto es crear un nuevo sigilo para re ordenar la realidad, pero para hacerlo es importante ser consientes esta vez del objetivo que tenemos y ser juiciosos, ya que si se utilizan sigilos intentando resolver sin reflexión previa puede que se siga empeorando la situación.

¿Es obligatorio sacar las vocales?

LAS VOCALES SON ELIMINADAS a la hora de reducir la frase por la cantidad de repeticiones que se suelen dar, sin embargo, si sientes que alguna de esas vocales es fundamental en tu sigilo puedes utilizarla, a veces la palabra o frase posee pocas letras y sentimos que está vacía y que debe llevar alguna de esas vocales.

¿Se puede cambiar o modificar el aspecto corporal?

LOS SIGILOS ACTÚAN dentro de las leyes de la magia y por ende de la Naturaleza. Por lo cual, los sigilos no podrán ir en contra de nuestra genética y no nos permitirán cambiar aspectos corporales o faciales.

¿Por qué se debe destruir el sigilo? ¿se puede conservar?

EN ESTE ASPECTO TENEMOS que recordar que se conservan los sigilos de protección y los sigilos servidores.

Pero los sigilos que tienen una función en especial son destruidos para facilitar el olvidarnos de ellos, es una forma de entrega, recuerden que lo que se busca es liberar al subconsciente de las restricciones de la mente racional, al quemar el soporte del sigilo hacemos que la mente consiente se olvide de él dejando que nuestro subconsciente actúe libremente accediendo a la magia.

¿Podremos crear un sigilo para un tercero?

MUCHAS VECES PASA QUE alguien nos pide que le hagamos un sigilo para una situación en especial que está pasando o que le está afectando.

Y si bien algunos estarán de acuerdo en realizar sigilos para otros, en mi caso no lo recomiendo por los siguientes puntos:

1. El deseo de quien nos pide un sigilo, es solo de esa persona, puede contarnos, pero solo esa persona conoce la expresión genuina y la verdadera intensidad de su deseo. Por lo cual lo mejor es recomendable que sea ella quien cree su propio sigilo.
2. La creación de nuestro sigilo proviene en mayor medida de trazos que se encuentran en nuestro subconsciente por lo cual

es mejor que sea la persona que cree su propio sigilo para que sea el resultado del lenguaje de su propio subconsciente.

3. A la hora de Magnetizar o Liberar un sigilo, es muy íntimo y es un proceso muy personal donde se pone la impronta de la energía de quien realiza el proceso, por lo cual debe ser realizado por el beneficiario del sigilo.

Dicho todo esto, algo que podemos hacer para ayudar a otros es crear un sigilo donde proyectemos nuestra energía para ayudar a otro, de esta forma estaríamos proyectando nuestra propia energía y podríamos hacer todo el proceso de magnetizar, activar y liberar nosotros solos. Para todo esto, necesitamos a aprobación consiente del otro y el compromiso del otro en lo que se busca, Ejemplo: Si le enviamos sanación emocional para superar las heridas vividas de una relación que acabo en ruptura, dicha persona debe estar comprometida con sanar dichas emociones y haciendo algo al respecto también.

¿Se puede hacer un sigilo de amor con el nombre de una persona?

LOS SIGILOS DE AMOR no se recomiendan que sean formulados con el objetivo de atraer una persona en especial, ya que se estaría influenciando en el libre albedrio de esa persona y de esa manera se estaría violando una de las leyes fundamentales de la magia "has lo que deseas sin dañar". Si bien la intención en este caso no es lastimar, pero si el manipular y forzar la voluntad de otro.

Algo importante a destacar, es otra ley que dice "todo lo que das te vuelve" por lo cual, si se realiza una magia para afectar de esta forma a otros, podemos esperar que la magia nos afecte a nosotros en otra área de nuestras vidas quizás, pero condicionando nuestra libertad y elección de vida por algo forzado, de la misma forma que forzamos el amor de alguien.

Otro aspecto a tener en cuenta es que atraer en el amor de una persona en especial, y que luego dicha persona sea lo que nuestra ilusión cree que será son cosas muy diferentes, por eso no se recomienda. Tengamos en cuenta que el amor que llega a nuestras vidas es igual al momento de vida y aprendizaje en el que estamos, por lo cual si toca un tiempo de soledad es cuando debemos trabajar con nosotros mismos, es tiempo para reconocernos, compartir con uno mismo y comprende que es lo que deseamos en cuanto a pareja para nuestra vida, por lo cual no es bueno tomar desesperadas y si vamos a crear un sigilo, que sea para atraer el amor a nuestra vida, sin nombre ni condición para que la vida haga llegar un amor acorde a nuestro momento evolutivo.

¿Los sigilos son satánicos o tienen que ver con el diablo?

ES IMPORTANTE MENCIONAR en este punto, que la magia no es ni buena ni mala, simplemente es magia, lo que si cambia es la intención de quien la practica.

Si la persona que la practica posee un gran odio o es egoísta, por ejemplo, pues aplicara su magia a intenciones negativas y alimentara sus sigilos con esa energía. Por otra parte, personas que aman la vida y viven felices en comunión con quienes lo rodean y la naturaleza, pues a la hora de practicar la magia o hacer un sigilo, le pondrá esa misma energía.

El sigilo es una herramienta mágica, ni buena ni mala, solo es una herramienta para expresar mágicamente una intención, un deseo.

Por todo esto los sigilos no pueden ser asociados a una creencia en especial, ni a la visión de diablo o diabólico que tienen algunas creencias occidentales.

¿Se debe pagar un precio o existe alguna condición por utilizarlos?

EN LA PREGUNTA ANTERIOR respondimos parte de este dilema, pero es importante ser claro en esto porque son creencias populares.

Anteriormente dijimos que la magia no es ni buena ni mala, sino, que es la intención de la persona la que puede ser bien intencionada o mal intencionada. Por lo cual, no existe un precio a pagar.

Si debemos ser conscientes, claros sobre los efectos del sigilo que estamos haciendo y responsables.

La creencia de "el precio a pagar" posee la misma raíz que "la magia es diabólica" por lo cual hablamos en realidad de la mirada de algunas creencias occidentales, donde nos dicen que aquello que no pertenece a su creencia es algo malo.

Apéndice 6

Listado de hierbas para utilizar en copalera o sahúmos correspondientes al elemento Aire para liberar Sigilos

Abrótano, Acacia, Acedera, Achicoria, Agárico, Agrimonia, Álamo, Alcaravea, Alholva, Almendra, Anís, Arce, Arroz, Avellano, Badián, Banyan, Benjuí, Bisorta, Bodhi, Borraja, Bromelia, Cidra, Datilero, Diente de león, Dulcamara, Endibia, Enula, Espliego, Eufrasia, Helecho, Hierba de limón, Hierbabuena, Nuez de Brasil, Reina de los prados, Olmo, Ruda, Salvia, Papiro, Sena, Perejil, Siempreviva, Mejorana, Pimpinela, Tilo, Menta cítrica, Pino, Tomillo, Pistacho, Mora.

Código de ingreso al material de vídeo clases en "Google Clasroom":

et6bxbl

PARA INGRESAR AL MATERIAL de vídeo debes:

1. Ingresar a la plataforma "google clasroom"
2. En la pantalla de inicio deber ir al icono de "+" que se encuentra en la esquina superior derecha.
3. Hacer clic en él y le saldrá una solapa con 2 opciones, una de ellas dirá "unirme a una clase".
4. Hacer clic en ella y le saldrá una pestaña que le pedirá el código de ingreso que se brinda aquí y listo.
5. La clase aparecerá en el tablero de inicio siempre que ingrese a google clasroom.